FREMDSPRACHENTEXTE · SPANISCH

Pequeño Diccionario de Falsos Amigos

Von Nadja Prinz
unter Mitwirkung von
Imma Agustí Corredor

Philipp Reclam jun. Stuttgart

RECLAMS UNIVERSAL-BIBLIOTHEK Nr. 19831

Gesamtherstellung: Reclam, Ditzingen. Printed in Germany 2012
RECLAM, UNIVERSAL-BIBLIOTHEK und RECLAMS UNIVERSAL-BIBLIOTHEK sind eingetragene Marken der Philipp Reclam jun. GmbH & Co. KG, Stuttgart
ISBN 978-3-15-019831-5

www.reclam.de

Inhalt

Einleitung

Wenn jemand eine Fremdsprache lernt, wird er unweigerlich auf das Problem der »Falschen Freunde« oder, auf Spanisch, »Falsos Amigos« stoßen. Was sind Falsche Freunde und warum hat der Lernende mit ihnen Schwierigkeiten?

Die Hauptgruppe der Falschen Freunde, die wir in den Mittelpunkt unserer Betrachtung stellen, bilden die **semantischen Falschen Freunde**. Da wir uns im Folgenden auf die Gegenüberstellung der Sprachen Deutsch und Spanisch beschränken, werden nur deutsch-spanische Wortpaare angeführt. Tatsächlich gibt es die Falschen Freunde auch zwischen anderen und mehreren Sprachen, was hier jedoch zu weit führen würde.

Die semantischen Falschen Freunde lassen sich in drei Kategorien einteilen.

Die erste Kategorie bilden die falschen Kognaten[1]: Es handelt sich dabei um zwei Wörter aus verschiedenen Sprachen, die – nur zufällig – materiell ähnlich sind, aber unterschiedliche Bedeutungen haben. Sie lassen sich nicht auf ein gemeinsames Ursprungswort zurückführen. Ein Beispiel ist dt. *der Kamin* / span. *el camino*. Durch die materielle, lautliche Ähnlichkeit nimmt der deutsche Spanisch-Lerner an, *camino* bedeute ›Kamin‹. Damit ist er dem Falschen Freund sozusagen in die Falle gegangen, denn *camino* bezeichnet auf Spanisch den *Weg*; das Wort hat also eine völlig andere Bedeutung. Die tatsächliche Entsprechung von *Kamin* ist la *chimenea*. Ebenso kann natürlich der spanische Muttersprachler, der Deutsch lernt, dem Irrtum erliegen, der Weg würde im Deutschen *Kamin* genannt. Das Gleiche kann beispielsweise passieren bei dt.

1 Kognate (von lat. *cognatus* ›blutsverwandt‹; in der Linguistik ist die englische Form *cognate* geläufig) sind Wörter, die auf dasselbe Ursprungswort zurückgehen, wie z. B. dt. *Nacht*, engl. *night*, frz. *nuit*.

die Falte / span. *la falta* (›Fehler‹, ›Mangel‹), dt. *der Mantel* / span. *el mantel* (›Tischdecke‹), dt. *die Mappe* / span. *el mapa* (›Landkarte‹, ›Stadtplan‹). Neben der großen Zahl an Substantiven gibt es auch viele Verben und Adjektive, die eine Fehlerquelle dieser Art darstellen, so z. B. dt. *absolvieren* / span. *absolver* (›freisprechen‹, ›lossprechen‹) dt. *(sich) maskieren* / span. *mascar* (›kauen‹) und dt. *alt* / span. *alto* (›hoch‹), dt. *horrend* / span. *horrendo* (›grauenerregend‹, ›entsetzlich‹).

Zur zweiten Kategorie zählen die echten Kognaten: Die Wortpaare weisen neben der bzw. den unterschiedlichen Bedeutungen auch eine oder mehrere gemeinsame Bedeutungen auf. Man spricht hier auch von »Partiellen Falschen Freunden«, da die semantische Abweichung nur einen Teil des Inhaltes betrifft. Die Lexeme stimmen somit in ihrer Bedeutung teilweise überein. Das hängt damit zusammen, dass sie auf eine gemeinsame sprachliche Quelle zurückgehen. Sie haben sich erst im Laufe der Sprachgeschichte semantisch auseinanderentwickelt und haben in der jeweiligen Sprache neue Bedeutungen oder Bedeutungsnuancen angenommen, andere abgegeben. Ein Beispiel ist: dt. *Meister* / span. *maestro*. Entsprechend ihres gemeinsamen lateinischen Ursprungswortes, *magister*, haben heute noch beide Wörter die Bedeutungen ›Meister‹ (in einem Handwerk) sowie ›Könner‹. Das spanische Wort hat zudem die auch im Lateinischen bekannte Bedeutung ›Lehrer‹ beibehalten, während sie im Deutschen nicht mehr Teil des Wortinhaltes ist.

Während also die reinen Falschen Freunde dieses Typs sich bei völlig unterschiedlicher Bedeutung nur zufällig in Schreibung und Aussprache ähneln, ist die Ähnlichkeit bei den Partiellen Falschen Freunden durch die gemeinsame Herkunft zu erklären.

Für den Sprachlerner besteht die Schwierigkeit vor allem darin, dass er sich für ein ihm bekanntes Wort eine zusätzliche Bedeutung einprägen muss. Dabei wird ihm eine höhere kognitive Leistung abverlangt, als wenn er ein materiell ganz fremdes Wort und dessen Inhalt lernt. So prägt er sich z.B. müheloser span. *casa* (›Haus‹) ein als *el pastor* (›Pastor‹ und zusätzlich ›Hirte‹).

Die dritte Kategorie semantischer Falscher Freunde betrifft polyseme Wörter: Während ein Lexem in der einen Sprache mehrere Bedeutungen aufweist, also polysem ist, werden diese Bedeutungen in der anderen Sprache auf zwei Lexeme verteilt, so z.B. bei span. *sueño* / dt. *Traum* und *Schlaf* oder span. *gustar* / dt. *schmecken* und *gefallen*.

Neben diesen Sprachfallen auf der Bedeutungsebene gibt es eine Reihe von Abweichungen auf formaler und grammatischer Ebene.

- Materiell ähnliche Wörter haben in den Sprachen ein unterschiedliches **Genus**: *die Bar* / *el bar*, *der Lack* / *la laca*.
- Ebenso kann bei materiell ähnlichen Wörtern die **Betonung** auf einer anderen Silbe liegen: *der Autor* / *el autor*, der *Dialog* / *el diálogo*.
- Ein weiterer Typ Falscher Freunde ist der **morphologische Falsche Freund**. Der deutsche Spanischlerner muss sich merken, dass der August im Spanischen *el agosto* und nicht wie von seiner Muttersprache her irrtümlich anzunehmen **augusto* heißt; weitere Beispiele: *tropisch* > *tropical* (statt **trópico*), *Silbe* > *la sílaba* (statt **silba*).
- Ein typischer Fall von **grammatischer Abweichung** ist der unterschiedliche Gebrauch des Konjunktivs. Während es z.B. im Deutschen indikativisch heißt: *Es ist wichtig, dass er kommt*, wird im Spanischen hier der spanische Konjunktiv, der *subjuntivo*, gesetzt: *Es importante que venga*.
- Ein letzter wichtiger Typ Falscher Freunde sind die sogenannten **Scheinhispanismen** bzw. **pseudo-spanischen Wörter**. Der Lernende kommt aufgrund der materiellen Beschaffenheit eines Wortes seiner Sprache irrtümlich zu dem Schluss, dass dieses Wort auch in der Fremdsprache

existiert. Wir haben z.B. im Deutschen das Wort *Paprika*. Das klingt in deutschen Ohren schön ›spanisch‹ und könnte darum zu der Annahme verleiten, dieses Gemüse hieße entsprechend im Spanischen **páprica*. Tatsächlich wird aber die Schote mit *el pimiento* und das Gewürz mit *el pimentón* bezeichnet.

- Neben den genannten Fehlerquellen bei Einzelwörtern stößt der Sprachenlerner auch auf Schwierigkeiten bei typischen Wortverbindungen, den **Kollokationen**. Oft kollokieren in der Fremdsprache nicht die gleichen Wörter miteinander wie in der Muttersprache. Während man sich z.B. im Deutschen die Zähne putzt, werden sie im Spanischen gewaschen (*lavarse los dientes*); wir Deutschen stellen eine Frage, der Spanier macht sie (*hacer una pregunta*). Der *blanke Neid* ist im Spanischen nicht blank, sondern rein (*la pura envidia*) und die Vollmilch ist nicht voll, sondern ganz (*la leche entera*).

Es ist noch wichtig zu erwähnen, dass viele dieser Falschen Freunde nicht nur während des Spracherwerbs zu Stolpersteinen werden können. Sie sind vielmehr eine ständig lauernde Gefahr, wenn man sich in einer Fremdsprache bewegt. Selbst ein guter Sprecher kann mitunter diesen Falschen Freunden erliegen, wenn er beispielsweise in Eile oder unkonzentriert ist.

Bei der vorliegenden Darstellung handelt es sich unweigerlich um eine Momentaufnahme. Die lebenden Sprachen sind im ständigen Wandel und beeinflussen sich gegenseitig. So nehmen Wörter neue Bedeutungen an und geben alte Bedeutungen ab. Dadurch kann z.B. ein hier aufgeführter partieller Falscher Freund zu einem echten Freund werden oder umgekehrt, ein echter Freund zu einem partiellen Falschen Freund. Dies sind natürlich Prozesse, die sich ganz allmählich vollziehen und auch abhängig von der Nähe der jeweiligen Sprachen sind.

Für die Auswahl der Einträge im **Pequeño Diccionario de Falsos Amigos** steht das Spanische Spaniens, das Kastilische (*el castellano*), im Vordergrund. Wenn ein Wort nur in Spanien, nicht aber in Lateinamerika üblich ist, wird das nicht extra gekennzeichnet. Nur in Einzelfällen wird auf Amerikanismen hingewiesen. Der Einfachheit halber werden die Falschen Freunde, wenn sie in mehr als zwei lateinamerikanischen Ländern vorkommen, schlicht als Amerikanismen eingestuft. Kommt das Wort jedoch nur in ein oder zwei Ländern Lateinamerikas vor, werden diese explizit genannt. Allerdings ist die Einteilung nicht immer eindeutig; die Landes- und Sprachgrenzen verschwimmen gewissermaßen. Das zeigt sich schon bei einem Blick in die einschlägigen Wörterbücher, die hier oft unterschiedliche Angaben machen.

In diesem Wörterbuch werden vor allem Wortpaare aufgeführt, bei denen zumindest eines der Wörter dem Grund- oder Aufbauwortschatz der jeweiligen Sprache zuzurechnen ist. Zudem betrachten wir hauptsächlich Wörter der Standardsprache. Hinzu kommen Wörter, die im Deutschen Fremdwörter oder Lehnwörter sind und somit oft einem höheren Sprachniveau zuzurechnen sind. Sie werden häufig nur in der Fachsprache gebraucht. Das spanische Wort hingegen hat in vielen Fällen neben der fachsprachlichen Bedeutung eine standardsprachliche. So wird hier z.B. der Militärbegriff *Adjutant* dem spanischen *el ayudante* gegenübergestellt, der zusätzlich die allgemeinsprachliche Bedeutung ›Helfer‹, ›Assistent‹ hat.

Ist ein Wort polysem, hat es also mehrere Bedeutungen, so werden nur die am häufigsten vorkommenden erfasst.

Zuletzt sei noch darauf hingewiesen, dass in diesem Wörterbuch ein Falscher Freund nicht als partiell eingestuft wird, wenn die gemeinsame Bedeutung in einer der beiden Sprachen selten bzw. vom Sprachregister her eingeschränkt ist. So wird hier z.B. span. *la firma* als reiner Falscher Freund von dt. *Firma* dargestellt. Denn das spanische Wort *la firma*, wird nur selten in dieser Bedeutung verwendet, sondern meint viel häufiger die ›Unterschrift‹. Auch *famoso* gilt hier als reiner Falscher Freund von dt. *famos*, denn es hat nur umgangssprachlich dessen Bedeutung. In der Standardsprache wird es vielmehr in der Bedeutung ›berühmt‹, ›bekannt‹ verwendet.

Die Falschen Freunde / *Falsos Amigos* sind folgendermaßen angeordnet:

Es gibt eine Hauptliste A–Z. Diese Liste geht vom deutschen Wort aus, da es ursächlich für die Sprachfalle verantwortlich ist. Das deutsche Wort steht links, darunter steht der spanische *Falso Amigo*. Rechts werden die korrekten spanischen und deutschen Entsprechungen aufgeführt und jeweils mit mindestens einem spanischen Beispielsatz veranschaulicht. Da viele Wörter mehrere Bedeutungen haben, werden aus Platzgründen nur für die wichtigsten und am häufigsten vorkommenden Bedeutungen Anwendungsbeispiele gegeben. Wo der Platz es erlaubt, werden weitere wichtige Bedeutungen aufgeführt, jedoch nur zum Teil mit Beispielsätzen. Auch auf Kollokationen kann im Rahmen dieses Buches nur im Einzelfall eingegangen werden.

Im Anhang gibt es zwei separate Listen zu den oben beschriebenen Falschen Freunden im Bereich des Genus und der Betonung. Zusätzlich werden diese Falschen Freunde in der Hauptliste mit ⚠ markiert und die jeweilige Abweichung durch Unterstreichung verdeutlicht.

Um das Auffinden der spanischen Äquivalente, die ja nicht zwangsläufig der alphabetischen Sortierung der deutschen Stichwörter entsprechen, zu erleichtern, ist am Schluss ein alphabetisches Register der spanischen Stichwörter angefügt.

Ich hoffe, alle Spanischlerner mit diesem kleinen Wörterbuch für die typischen Sprachfallen sensibilisieren zu können. Das Buch soll ihnen einerseits dabei helfen, die spanischen Wörter richtig anzuwenden, und ihnen andererseits passende Lexeme an die Hand geben, mit denen sie treffsicher das ausdrücken können, was sie ausdrücken möchten.

Mein herzlicher Dank gilt insbesondere Frau Imma Agustí Corredor, die mir unermüdlich und mit viel Sachverstand beratend zur Seite stand, sowie Herrn Javier González Carracelas für seine zahlreichen wertvollen Hinweise.

Nadja Prinz

Zeichen und Abkürzungen

Adj.	Adjektiv
Adv.	Adverb
alg.	alguien
Am.	Amerikanismus
ANAT.	Anatomie
BIOL.	Biologie
Bol.	Bolivien
CHEM.	Chemie
dt./Dt.	deutsch/Deutsch
ELEKTR.	Elektrotechnik
f.	Femininum
fig.	figurativ, im übertragenen Sinn
FIN.	Finanzen
FOTOGR.	Fotografie
geh.	gehoben
GEOL.	Geologie
jdm.	jemandem
jdn.	jemanden
Kol.	Kolumbien
MATH.	Mathematik
MED.	Medizin
Mex.	Mexiko
MILIT.	Militärsprache
NAUT.	Nautik
neg.	negativ, abwertend
Pan.	Panama
PFF	Partieller Falscher Freund
PHYS.	Physik
Pl.	Plural
POL.	Politik
RECHT	Rechtssprache
REL.	Religion
Sg.	Singular

span./Span.	spanisch/Spanisch
SPRACHW.	Sprachwissenschaft
TECHN.	Technik
THEA.	Theater
TYPOGR.	Typografie
ugs.	umgangssprachlich
UNIV.	Universität
Venez.	Venezuela
WIRTSCH.	Wirtschaft

Die Tilde ~ ersetzt das entsprechende Wort, z. B. ***la novela*** **Krimi** (~ ***policíaca***).

Der Asterisk * steht für eine linguistisch inkorrekte Form bzw. ein nicht existierendes Wort, z. B. ***el *portrato*** (span. ***el retrato***).

Ø markiert eine lexikalisch nicht existierende Form bzw. Lücke in der Zielsprache.

Falsos Amigos A–Z

A

Abitur	***el bachillerato*** *Ana acabará el bachillerato el año que viene.*
la *abitura	Ø

abonnieren	***abonar(se), suscribirse*** *Me interesa tanto lo que pasa en la ciudad que voy a suscribirme al periódico local.*
abonar PFF	1. **abonnieren** (s. oben) 2. **bezahlen, vergüten** *Mi padre me ha prometido abonar la reparación de mi moto.* 3. **bekräftigen, bestätigen, bezeugen** *Su reacción abona la sospecha de que él es el culpable.* auch: **düngen**

Absolvent/in	***el graduado / la graduada, el egresado / la egresada*** (Am.) *El graduado en Medicina decidió hacer un máster en Francia antes de empezar a trabajar.*
el/la *absolvente	Ø

absolvieren	1. ***terminar*** (abschließen), ***cumplir*** (erledigen, ableisten) *Después de terminar sus estudios pasó un año en el extranjero. Mi hermano debe dejar el empleo para cumplir con el servicio militar.* 2. ***aprobar*** (bestehen) *Paco acaba de aprobar el examen.*
absolver	1. **freisprechen** (RECHT) *El juez absolvió al acusado inesperadamente.* 2. **lossprechen** (REL.) *Dios nos absolverá de todos nuestros pecados.*

Addition — ***la adición, la suma*** *Su hijo ya sabe hacer sumas de este grado de dificultad.*

la adición PFF 1. **Addition** (s. oben)
2. **Ergänzung, Zusatz, Zugabe** *Gracias a la adición de agua la masa del pastel resulta más blanda.*

Adjutant — ***el ayudante*** (MILIT.) *El ayudante ejecuta las órdenes de su jefe militar superior.*

el/la ayudante PFF 1. **Helfer/in, Assistent/in** *Trabaja como ayudante de cocina en un restaurante de cuatro estrellas.*
2. **Adjutant** (MILIT.; s. oben)

---

adoptieren — ***adoptar, prohijar*** (RECHT) *Paco y María adoptaron un bebé en Rusia.*

adoptar PFF 1. **adoptieren** (s. oben)
2. **sich aneignen, übernehmen, annehmen** (Name, Nationalität usw.) *Por fin ha adoptado el apellido de su marido.*
3. **einnehmen** (Position, Haltung usw.) *¿Qué actitud se debe adoptar ante un jefe colérico?*
auch: **Maßnahmen ergreifen** (~ ***medidas***)

Adressat/in — ***el destinatario / la destinataria*** *El destinatario es desconocido.*

el *adresado / la *adresada Ø

Affekt — ***la gran emoción*** *El homenaje de sus antiguos compañeros le causó una gran emoción.*
selten auch: ***el afecto***
außerdem: ***actuar por impulsos*** **(im Affekt handeln)**

el afecto 1. **Zuneigung** *Es maravilloso el afecto que siente por su hermanito.*
2. **Affekt** (s. oben)

---

affektiert ***afectado, a, amanerado, a, poco natural*** (gekünstelt, unnatürlich) *No me gusta el estilo amanerado de este escritor. Eva quiere estar guapísima, pero con tanto maquillaje parece poco natural.*

afectado, a PFF 1. **affektiert** (s. oben)
2. **betroffen, betrübt** *Quedé muy afectado por la muerte de mi hermano.*
3. **betroffen, heimgesucht, befallen** (auch MED.) *Antonio se murió afectado por una enfermedad muy rara.*

---

agieren ***actuar*** *Ante semejante catástrofe hay que actuar y no discutir.*

agitar 1. **schütteln** *Ten cuidado de no agitar la botella de champán.*
2. **hin und her bewegen, schwenken** *Los piratas agitan la bandera negra y pasan al ataque.*
3. **aufregen, beunruhigen** *Noticias como éstas agitan los ánimos.*

Agitation ***la propaganda, la agitación (política)*** (neg.) *La agitación política permanente afecta mucho a la gente.*

la agitación PFF 1. **heftige Bewegung, Schütteln** *La agitación repentina caracteriza esta enfermedad.*
2. **Erregung, Aufregung, Unruhe** (auch POL.) *Esta agitación anormal de mis hermanas era debida a la proximidad de las vacaciones.*
3. **Agitation** (s. oben)

Akademiker/in 1. ***el universitario / la universitaria*** (Universitätsangehöriger, Student) *Los universitarios de toda España se quejan de la política educativa del gobierno.*

2. ***el titulado / la titulada, el graduado / la graduada*** (Absolvent einer Hochschule) *El número de titulados en carreras técnicas sigue aumentando.*
3. ***el académico / la académica*** (Mitglied einer Akademie) *Le han nombrado académico de la Real Academia Nacional de Medicina.*

el académico / la académica PFF **Akademiker/in** (Mitglied einer Akademie; s. oben)

---

akademisch 1. ***universitario, a*** (allg.) *Le disgusta mucho que su hijo no haya terminado nunca sus estudios universitarios.*
2. ***académico, a*** (auf eine Akademie bezogen) *Hoy en día el personal académico es más joven que hace un siglo.*

académico, a PFF **akademisch** (auf eine Akademie bezogen; s. oben)

Akkord 1. ***el destajo*** (WIRTSCH.) *Según el director de la empresa se trabaja a destajo para terminar el pedido a tiempo.*
2. ***el acorde*** (MUSIK) *Ya consigo tocar algunos acordes con mi guitarra.*
3. ***el acuerdo*** (Übereinkommen, Vergleich mit Gläubigern) (nur RECHT) *Las partes expresaron su deseo de arreglar el caso, solicitando al árbitro que prepare una propuesta de acuerdo.*

el acuerdo PFF 1. **Vereinbarung, Beschluss, Übereinkunft (*poners de acuerdo* sich einigen)** *Los miembros de la familia se pusieron de acuerdo sobre el lugar de vacaciones.*
2. **Akkord** (RECHT; s. oben)

akquirieren	***conseguir, contratar, adquirir*** *Sólo contratan a personal muy especializado.*
adquirir PFF	1. **kaufen, anschaffen** *Hay que adquirir muebles para su nueva oficina.* 2. **erwerben, erlangen** (auch fig.) *Gracias a este proceso el abogado ha adquirido una buena reputación.* 3. **akquirieren** (s. oben)
Akt	1. ***la acción*** (Handlung, Tat), ***el acto*** (auch THEA.) *Cada uno es responsable de sus actos.* 2. ***el desnudo, la academia*** (KUNST) *Me gusta mucho este desnudo de Rubens.*
el acto PFF	1. **Akt** (auch THEA.; s. oben) 2. **Veranstaltung, Festakt** *En todo el país se organizan actos a favor de la paz.*
Aktion	***la acción*** (Tat, Handlung), ***la campaña*** (Kampagne, Kampf) *Las acciones humanitarias y la solidaridad hacia las víctimas del terremoto son impresionantes.*
la acción PFF	1. **Aktion** (s. oben) auch: **Gefecht, Einsatz** (MILIT.) 2. **(Ein-)Wirkung, Einfluss** (auch PHYS., CHEM. usw.) *Es un medicamento de acción rápida que se vende en las farmacias.* 3. **Aktie** (FIN.) *A causa de la crisis económica mi padre decidió vender todas sus acciones.* 4. **Klage** (RECHT) *Los trabajadores intentan proteger sus derechos por medio de una acción civil.*
Alarm	***la*** ⚠ ***alarma, la alerta*** (~bereitschaft) *Al escuchar la alarma los habitantes empezaron a salir del edificio. Todas las compañías aéreas están en alerta a causa de las cenizas del volcán en Islandia.*

la alarma PFF 1. **Alarm** (s. oben)
2. **Angst, Unruhe, Schrecken** *La epidemia está causando alarma en el mundo entero.*

---

alt 1. ***viejo, a*** (allg.), ***anciano, a*** (Person), ***antiguo, a*** (ehemalig) *¡Quítate este jersey tan viejo! Paula es una antigua novia mía.*
2. ***usado, a*** (gebraucht, abgenutzt) *Compra ropa usada para ahorrar dinero.*
auch: ***ser mayor*** **(alt sein)**

alto, a **hoch, groß** *Mi hermano bebe vinos de alta calidad.*
auch: **laut** (***en voz alta***) *Él siempre habla alto y claro.*

Ambiente ***el ambiente, la atmósfera*** (Atmosphäre, Stimmung) *Al terminar la película se extendió un ambiente alegre por la sala.*

el ambiente PFF 1. **Ambiente** (s. oben)
2. **Umgebung, Milieu** *Aunque procede de un ambiente rico no ha recibido una buena educación.*
3. **Umwelt, Klima, Luft** *Se notaba mucha humedad en el ambiente.*

---

ambulant 1. ***ambulatorio, a*** (MED.) *Con el tratamiento ambulatorio muchas camas hospitalarias quedaron vacías.*
2. ***ambulante*** (umherziehend, nicht ortsgebunden) (***la venta ambulante*** **ambulanter Handel / fahrendes Gewerbe**) *La venta ambulante permite a los comerciantes ahorrar el alquiler de un local.*

ambulante PFF **ambulant** (s. oben)

Ambulanz 1. ***el ambulatorio, el dispensario*** (im Krankenhaus) *Llevaron al herido al dispensario más cercano.*
2. ***la ambulancia*** (Krankenwagen) *Llega la ambulancia al lugar del accidente con la alarma puesta.*

la ambulancia PFF **Ambulanz** (Krankenwagen; s. oben)
auch: **Ambulanz** (bewegliches Feldlazarett)

---

animieren ***animar, estimular*** (anregen, ermuntern, ermutigen) *Su nieto le ha animado a escribir sus memorias.*

animar PFF 1. **beleben, beseelen** *Las esculturas están tan bien logradas que casi parecen animadas.*
2. **animieren** (s. oben)
auch: **aufmuntern, aufheitern**

---

annoncieren ***poner un anuncio, anunciar*** *Sólo un día después de haber puesto el anuncio mi amigo ya vendió su coche.*

anunciar PFF 1. **bekanntgeben, ankündigen, (an)melden** *El Gobierno ha anunciado que hará todo lo posible para liberar a las víctimas del secuestro.*
2. **vorhersagen** *Han anunciado buen tiempo para mañana.*
3. **annoncieren** (s. oben)

---

antik ***antiguo, a***

antiguo, a PFF 1. **alt, langjährig** *Juan es un antiguo compañero de clase de mi hermano.*
2. **antik** (s. oben)
3. **ehemalig** *Me encanta leer sobre la antigua Mesopotamia.*
4. **antiquiert, überholt** *Estas gafas enormes son muy antiguas. Hoy se llevan gafas mucho más pequeñas.*

Antiquität *__la antigüedad__* (meistens Pl.) *En París hay bonitas tiendas de antigüedades.*

__la antigüedad__ PFF 1. **Antiquität** (s. oben)
2. **Altertum, Antike** (im Sinne von ›Antike‹ groß geschrieben) *En la clase de historia hablamos de la Antigüedad clásica.*
3. **Dienstalter** *El empleado ya tiene 20 años de antigüedad.*

---

apart *__atractivo, a__* *Es una mujer atractiva e inteligente.*

__aparte__ **beiseite, abseits** *Este paquete ponlo aparte porque lo va a pagar mi hermana.*
auch (präpositional): **außer(dem), abgesehen davon, dass** (*__aparte de que__*) *Aparte de que eso es mentira, no me lo contó Ana sino Isabel.*

Apostel *__el apóstol__* *En el cuadro se representa a Jesús y a sus 12 apóstoles durante la última cena.*

__el apóstol__ PFF 1. **Apostel** (s. oben)
2. **überzeugter Verfechter** (einer Meinung, einer Ideologie) *Mi tío Fernando es un apóstol de la paz.*

Appetit *__el apetito__* *Está tan enfermo que ha perdido el apetito.*
außerdem: *__¡que aproveche!__*, *__¡buen provecho!__* (**guten Appetit!**); *__Me apetece un café.__* (**Ich habe Appetit/Lust auf einen Kaffee.**)

__el apetito__ PFF 1. **Appetit** (s. oben)
2. **Verlangen, Bedürfnis** *El rey nunca satisfacía su apetito de victoria.*
auch: **Fleischeslust** (*__el apetito sexual__*)

Applikation 1. ***la utilización*** (Verwendung, Anwendung), ***la aplicación*** (auch EDV) *La secretaria no se ha acostumbrado a la nueva aplicación para preparar documentos judiciales, así que continúa escribiendo a máquina.*

2. ***la aplicación, el aplique*** ([Kleider-]Besatz) *La niña está muy contenta con su vestido con apliques de flores.*

la aplicación PFF 1. **Applikation** (Besatz; s. oben) auch: **Anlegen** (eines Verbandes); **Beschichtung, Auftrag** (z.B. von Farbe, Lack) *La aplicación de la capa de pintura la ha hecho con un pincel.*

2. **Fleiß, Lerneifer** *Vista su gran aplicación, estoy segura de que llegará a ser catedrático.*

---

apportieren ***traer, cobrar, recoger*** *El perro trae la pelota que le ha tirado su propietario.*

aportar 1. **beitragen** (allg.) *Son frases vacías que no aportan nada a la discusión.*

2. **liefern, (vor)bringen** (Argumente, Informationen, Beweise usw.) *No le convencen los argumentos que aporto.*

3. **beisteuern, einbringen** (auch FIN., RECHT) *Su esposa había aportado una gran fortuna al matrimonio.*

auch: **bringen** (im Sinne von ›[weiter]helfen‹) *Le aporta mucho hablar conmigo de sus problemas.*

---

appretieren ***aprestar, aderezar*** (Stoffe bearbeiten, um sie z.B. widerstandsfähiger zu machen / Leder gerben) *Hay que aprestar la tela de algodón para que se vuelva más resistente.*

apretar 1. **drücken, zusammenpressen** *Cuando aprietas el botón rojo el aparato se para inmediatamente.*
auch: **anziehen** (Schraube)
2. **eilig sein, drängen** *Date prisa que el tiempo aprieta.*
3. **beschleunigen** *Si quieres llegar a tiempo, aprieta el paso.*
4. **stärker/intensiver werden** *En agosto el sol aprieta mucho.*
auch: **jdn. bedrängen** *No me aprietes tanto que hoy no voy a tomar ninguna decisión.*

Approbation ***la autorización, la licencia*** *Todavía no tiene autorización para ejercer como médico.*

la aprobación 1. **Billigung, Zustimmung** *Le sonrió en señal de aprobación.*
2. **Genehmigung, Bewilligung** *Necesita la aprobación de sus socios para poder cerrar el trato.*
3. **Verabschiedung** (eines Gesetzes) *Ni siquiera la protesta masiva de los agricultores ha podido impedir la aprobación de esa ley.*

Archiv ***el archivo*** (Raum/Gebäude und Bestand) *El historiador va regularmente al archivo para comprobar los detalles históricos del libro que escribe.*

el archivo PFF 1. **Datei** (bes. elektronische) *Los archivos que has grabado en tu ordenador no están actualizados. Por favor, elimínalos.*
2. **Archiv** (s. oben)
3. **Ablage** *Voy a estar todo el día ocupada con el archivo de toda esta documentación.*

Arena 1. ***la arena*** (mit Sand bestreuter Kampfplatz) *A los romanos les gustaba muchísimo ir a la arena a mirar los combates de los gladiadores.*
2. ***la plaza de toros*** (Stierkampfarena) *La plaza de toros de Sevilla es una de las más antiguas de España.*

la arena PFF 1. **Sand** *Para los niños es mejor una playa de arena que una de rocas.*
2. **Arena** (s. oben)

Argument ***el argumento*** *Explica tus argumentos en contra de la globalización.*

el argumento PFF 1. **Argument** (s. oben)
2. **Schlussfolgerung** *Me gustaría saber el argumento de vuestra discusión.*
3. **Handlung, Inhalt** (Buch, Film usw.) *No es un libro infantil porque su argumento es demasiado complicado.*
4. **Diskussion, Auseinandersetzung** (Am.) *Estoy harto de sus argumentos, siempre se contradice.*

Arm ***el brazo*** *Ha perdido el brazo derecho en un accidente de coche.*

el arma (f.) **Waffe** *Está prohibido tener armas en casa sin licencia.*

Armatur 1. ***los mandos, los instrumentos*** (Pl. im Span.) (Auto, Flugzeug, Maschine usw.) *El bloqueo de los mandos del avión podría haber provocado una tragedia.*
2. ***la grifería*** (im Bad) *La grifería de esta marca es de excelente calidad.*

la armadura 1. **Gestell, Gerüst** *Madre mía, ¡cómo pesa la armadura de la cama!*

2. **(Ritter-)Rüstung** *Hay que ayudar al caballero a subir a su caballo porque su armadura es tan pesada que no consigue hacerlo él solo.*
auch: **Dachstuhl** (~ ***de tejado***)

Art 1. ***la manera, el modo*** (Weise) *Déjame hacerlo a mi manera.*
2. ***la especie*** (Sorte, Spezies, auch BIOL.), ***la clase, el tipo*** *A mi madre no le gusta este tipo de libros.*
auch: ***el carácter*** (Wesens-)

el arte (im Pl. f.) 1. **Kunst** (auch fig.) *El arte moderno a veces es bastante abstracto. No es fácil aprender el arte de ser feliz.*
2. **Geschicklichkeit, Gewandtheit** *Tiene mucho arte contando cuentos.*

Artikulation ***la articulación*** *Para los alemanes no es fácil la articulacion de la «rr» española.*

la articulación PFF 1. **Artikulation** (s. oben)
2. **Gelenk** (ANAT.) *¡Ha trabajado tanto que le duelen las articulaciones!*
3. **Gelenk** (TECHN.) *La articulación del robot tiene que ser sustituida regularmente.*

Artist/in ***el/la*** ⚠ ***acróbata, el/la artista de circo*** *Cualquier acróbata debe estar en muy buena forma.*

el/la artista **Künstler/in** *Él no se ha convertido en un artista sólo por saber pintar un poco.*

---

artistisch ***acrobático, a, artístico, a*** *Algunos ejercicios acrobáticos parecen ser muy peligrosos.*

artístico, a PFF 1. **künstlerisch, Kunst...** *Se ha especializado en fotografías artísticas en blanco y negro.*
2. **artistisch** (s. oben)

Assistent/in ***el/la ayudante, el/la asistente*** *El jefe siempre deja los trabajos complicados para sus asistentes.*

el/la asistente PFF 1. **Assistentin** (s. oben)
2. **Teilnehmer/in** *Los asistentes al seminario sobre energías renovables se marcharon muy contentos.*
auch: **Linienrichter**

el asistente / la asistenta **Putzmann/Putzfrau** *Mi amiga no está contenta con su nueva asistenta.*

Assistenz ***la asistencia, la ayuda*** *El paciente está tan débil que necesita la asistencia de la enfermera para lavarse.*

la asistencia PFF 1. **Assistenz** (s. oben)
2. **die Anwesenden/Teilnehmenden** (Pl. im Dt.) *La asistencia al acto se mostraba entusiasmada con el espectáculo.*
3. **Anwesenheit, Teilnahme** *La asistencia al curso es obligatoria.*
auch: **Sozialfürsorge (~ *social*)**

---

assistieren ***asistir*** ([mit]helfen, beistehen) *La Cruz Roja asiste a los pobres en Gambia.*

asistir PFF 1. **anwesend sein, teilnehmen, beiwohnen** *Le encantaría asistir una vez a una feria de libros.*
2. **pflegen, ärztlich betreuen** *Este médico tan famoso me asistió durante el parto.*
3. **assistieren** (s. oben)

Asyl ***el asilo*** *Muchos africanos piden asilo en la embajada de España.*

el asilo PFF 1. **Asyl** (s. oben)
2. **Heim, Altersheim** (~ ***de ancianos***) *La gente que vive en este asilo está muy bien cuidada.*

Attacke — <u>*el*</u> ⚠ ***ataque, la agresión*** *En épocas de crisis aumenta el número de agresiones hacia los inmigrantes.*

el ataque PFF — 1. **Attacke** (s. oben)
auch: **Kritik**
2. **Anfall, Zusammenbruch** (MED.) *No se recuperó nunca del ataque de corazón.*

---

attackieren — ***atacar*** (angreifen, bekämpfen) *Ayer por la noche un grupo de extrema derecha atacó el restaurante.*

atacar PFF — 1. **attackieren** (s. oben)
auch (fig.): **kritisieren**
2. **in Angriff nehmen, anpacken** (ugs.) *Fue una buena idea atacar la asignatura de Historia del Arte mirando unas fotografías.*
außerdem: **stopfen** (Pfeife)

Aula — ***el aula magna, el salón de actos, el paraninfo*** *Los estudiantes acuden al paraninfo para escuchar el discurso del director de la universidad.*

el aula (f.) — 1. **Klassenzimmer** *Los alumnos tomaron la iniciativa de pintar el aula con colores vivos para que pareciera más alegre.*
2. **Hörsaal** *Cuando el catedrático empezó a hablar en el aula no se oía ni una mosca.*

Auto — ***el coche, el auto*** (bes. Am.) *Esos coches tienen que pasar muchas pruebas de calidad.*

el auto PFF — 1. **Beschluss, Entscheidung** (RECHT) *La defensa no está de acuerdo con el auto del juez y por tanto lo estudiará.*
2. **(Prozess-)Akten** (RECHT) *Los autos en este proceso siguen acumulándose.*
3. **Auto** (s. oben)

Autor/in *el* ⚠ ***autor / la autora** Gabriel García Márquez es el autor del famoso libro «Cien años de soledad».*

el autor / la autora PFF 1. **Autor/in** (s. oben)
2. **Täter/in, Urheber/in** *Su celoso amante fue el autor del escándalo.*

Autorität ***la autoridad** Antes los padres tenían mucha autoridad sobre sus hijos; actualmente, no tanta.*

la autoridad PFF 1. **Autorität** (s. oben)
2. **Behörde, Amt** (meistens Pl.) *No era de esperar que las autoridades locales rechazaran su petición.*

B

Bagage	***la chusma, la gentuza*** (Gesindel, Pack) *Es mejor mantenerse lejos de esta gentuza.*
el bagaje	1. **Wissen, geistiges Rüstzeug** *Su bagaje intelectual es asombroso.* 2. **Gepäck** (selten)
Balance	***el equilibrio*** (Gleichgewicht) *Ha perdido el equilibrio y se ha caído al suelo.*
la balanza	1. **Waage** *¡Espero que sea mentira lo que indica esta balanza!* 2. **Bilanz** (Außenwirtschaft) *A pesar de todo, la balanza comercial de Portugal continua siendo positiva.*
el balance	**Bilanz** (WIRTSCH., auch fig.) *Los ministros aprovechan la ocasión para hacer balance de los últimos dos años de gobierno.*
balancieren	***hacer equilibrios*** *Arriesga la vida haciendo equilibrios a grandes alturas. El camarero hace equilibrios con la bandeja por encima de las cabezas de los clientes.*
balancear	**wiegen, schaukeln** *Me gusta mucho balancear la cuna para que el bebé se duerma.*
Ball	1. ***la pelota*** (allg.), ***el balón*** (Fuß-) *No hay nada que le guste más a mi hijo que jugar a la pelota.* 2. ***el baile*** (Tanzfest) *Nos vamos a divertir muchísimo en el baile de este sábado.*
la bala	**Kugel** *La bala que le atravesó el corazón le causó la muerte.*
Ballon	***el globo*** (Luftballon) *El niño llora porque su globo se acaba de reventar.*

el balón	**(Fuß-)Ball** *Han fabricado un nuevo tipo de balón para el campeonato del mundo de fútbol.*

Band	1. ***la cinta*** (auch TECHN., Maßband, Tonband usw.) *La niña está muy contenta con su nueva cinta de pelo. La cinta difundida por este grupo de terroristas muestra toda su violencia.* auch: ***la cadena de [montaje]*** (**Fließband**) 2. ***el tomo, el volumen*** (~ einer Buchreihe) *Me gusta tanto este libro que estoy ansioso por leer el segundo tomo.*
la banda	1. **Binde, Schärpe** (auch: **sehr breites Band**) *El Rey llevaba la banda demasiado larga.* 2. **Kapelle, Band** *La banda de jazz dio un concierto maravilloso ayer por la noche.* 3. **(Verbrecher-)Bande** *El atentado fue cometido por una banda de terroristas cuyos motivos todavía ignoramos.*

Bar	1. ***la barra*** (Theke) *Puso el vaso de whisky en la barra después de haberlo vaciado de un trago.* 2. ***el*** ⚠ ***bar*** (Lokalität) *A mí me encanta pasar la noche en el piano bar del hotel.*
el bar PFF	1. **kleine Gaststätte, Café** *¿Te apetece tomar un café en el bar de al lado?* 2. **Bar** (Lokalität; s. oben) auch: **Hotelbar** (~ ***del hotel*** / ~ ***americano***)

Barbar	***el salvaje, el*** ⚠ ***bárbaro*** *Su novio es un tipo rudo y grosero, un verdadero bárbaro.*
el bárbaro PFF	1. **toller, großartiger Kerl** (ugs.) *¡Qué bárbaro es ese amigo tuyo!* analog: **tolle Frau** (***¡qué bárbara ...!***) 2. **Barbar** (s. oben)

---

barbarisch — ***salvaje, bárbaro, a*** *Lo mataron de una manera muy bárbara.*

bárbaro, a PFF — 1. **toll, großartig, spitze, klasse** (ugs.) *¿Vamos a esquiar este fin de semana? ¡Bárbaro! ¿A dónde vamos?*
2. **barbarisch** (s. oben)

Bestie — 1. ***la bestia, la fiera*** (auch fig.) *Un tigre herido se puede convertir en una bestia peligrosa.*
2. ***el monstruo*** (fig.) *¡Deja de leer! Al niño le da mucho miedo el monstruo de este cuento.*

la bestia PFF — 1. **Tier** *El asno es una bestia de carga.*
2. **Rohling, Rüpel** (ugs.) *Esta bestia me atropelló sin disculparse.*
auch positiv (ugs.): **toller Kerl** (***¡qué bestia!***)
3. **Bestie** (s. oben)

Beton — ***el hormigón, el concreto*** (Am.) *Antes las casas eran de madera en vez de hormigón por lo que se encendían más rápido.*

el betún — 1. **Schuhcreme** *A estos zapatos les falta un poco de betún.*
2. **Teer** *El betún se usa principalmente para asfaltar carreteras.*

---

blank — 1. ***brillante, reluciente*** (glänzend), ***limpio, a*** (sauber) *¡Si quieres tener un cuarto de baño reluciente tienes que limpiarlo todos los días!*
2. ***puro, a*** (bloß, rein) *Te lo pregunto por pura curiosidad.*
auch (ugs.): ***estar sin blanca*** (**blank sein**)

blanco, a — **weiß** *La nieve ha cubierto el paisaje de blanco.*
auch: **Blankoscheck** (***el cheque en blanco***)

Blondine *la* ***rubia*** *En España no hay tantas rubias como en Alemania.*

*la *blondina* Ø

Bombe ***la bomba*** *Los obreros descubrieron una bomba de la Segunda Guerra Mundial.*

la bomba PFF 1. **Pumpe** *Las bombas de aire más conocidas son los bombines para inflar las ruedas de las bicicletas.*
2. **Bombe** (s. oben)

Bonbon ***el caramelo, el dulce*** *Hijo mío, deja de comer tantos caramelos o te saldrán muchas caries.*

el bombón **Schokoladenbonbon, Praline** *No pongas los bombones al sol, sino se van a derretir.*
auch (ugs.): **Was für ein hübsches Ding!** (***¡qué bombón!***)

Bonus ***la gratificación*** *La empresa le pagará una gratificación por su excelente trabajo.*

el bono **Gutschein, Bon** *El vendedor me dio un bono por el jersey que tuve que cambiar. Con este bono puedes comer en la cantina todos los lunes.*
auch: **Monatsticket (~ *mensual*)**

Bote ***el mensajero*** *El mensajero trajo la noticia de la victoria al Rey.*

el bote 1. **Büchse, Dose** *Prefiere los botes de plástico a las botellas de vidrio porque no se rompen.*
2. **Boot**
auch (ugs.): **jdn. in der Tasche haben** (***tener a alg. en el bote***)

Bouillon ***el caldo*** *Dicen que el caldo de gallina es bueno cuando uno está resfriado.*

el bullón	1. **Bausch, Noppe** *No me gustan en absoluto las mangas de bullón de esta blusa.* 2. **Ziernagel** (auf Bucheinbänden) *Antes se ponían bullones en la cubierta de los libros para protegerla y adornarla.*
el bollón	**Ohrstecker** *Estos bollones son muy caros debido a las piedras preciosas que tienen.*

brav	***bueno, a*** (artig) *Mónica es una chica muy buena.*
bravo, a	1. **wild, ungezähmt** *Los toros bravos son peligrosos.* auch: **rau** (Meer) *Hoy el mar está muy bravo.* 2. **tapfer** *El soldado tiene que ser muy bravo.* 3. **wütend** (Kol., Venez.) *Al sentirse traicionada la mujer se puso brava.*

brisant	***explosivo, a*** *El periodista acaba de conseguir una información explosiva.*
****brisante***	Ø

brutto	***bruto, a, en bruto*** *Desgraciadamente hay una gran diferencia entre el salario bruto y el neto.*
bruto, a PFF	1. **unbearbeitet, roh** *El petróleo bruto de Arabia es de muy buena calidad.* 2. **grob, derb, brutal** *Antonio siempre nos cuenta chistes bastante brutos.* 3. **dumm** (ugs.) *¡No seas bruto, la caja se abre por arriba!* 4. **brutto** (s. oben)

Buffet	***el bufé*** *En este hotel sólo ofrecen un bufé frío.*
el bufete	1. **Schreibtisch** *Me gustaría comprar un bufete más amplio para poner encima todos mis diccionarios.*

2. **Anwaltskanzlei** *Al abogado todavía le falta dinero para abrir su propio bufete.*
3. **Anrichte** (Möbel) (nur Nicaragua) *Tiene un bufete en el comedor donde guarda todo lo necesario para la mesa.*

Büro	***la oficina, el despacho*** (Arbeitszimmer) *Hoy, al ser festivo no hay nadie en la oficina.*
el buró	1. **Schreibtisch, Sekretär** *Le deben haber cobrado al menos 1.000 euros por este buró antiguo.* 2. **Nachttisch** (Mex.) *Puso su libro en el buró y se durmió en seguida.*

C

Campus ***el campus (universitario), la ciudad universitaria*** *Opté por vivir fuera del campus para no pensar siempre en los estudios.*

el campo PFF 1. **Land** *Si estás acostumbrado a la vida en el campo nunca serás feliz viviendo en una ciudad.*
2. **Feld, Acker** *Es un campesino rico que posee varios campos y mucho ganado.*
auch: **Friedhof** (~ ***santo***), **Sportplatz** (~ ***de deportes***), **Schlachtfeld** (~ ***de batalla***), **Konzentrationslager** (~ ***de concentración***)
3. **Bereich** *Se ha progresado mucho en el campo de la medicina.*
4. **Campus** (s. oben)

Charakter ***el carácter*** *Su novio tiene un carácter bastante difícil.*

el carácter PFF 1. **(Schrift-)Zeichen, Buchstabe** (meistens Pl.) *No comprendo nada del documento porque está escrito en caracteres árabes.*
2. **Charakter** (s. oben)

Cholera ***el*** ⚠ ***cólera*** *En la Edad Media tanto pobres como ricos se murieron a causa del cólera.*

la cólera 1. **(Jäh-)Zorn, Wut** *Tu comportamiento insolente ha provocado su cólera.*
2. **Galle** *La cólera es un líquido amarillento.* (häufiger: *la bilis*)

Chronik ***la crónica*** *Esta novela es una crónica emocionante de una familia aristocrática.*

la crónica PFF 1. **Chronik** (s. oben)
2. **Bericht** *Esta cadena siempre emite las crónicas más actuales.*

Code	***el código, la clave, la cifra*** *Se necesita un código para poder abrir la caja fuerte.*
el codo	**Ellbogen** *No es muy elegante apoyar los codos en la mesa.* auch (fig.): **Seite an Seite** (***codo con/a codo***)
Courage	***el valor, <u>el</u> ⚠ coraje, la bravura*** *El hombre mostró tener un gran coraje enfrentándose al león que se había escapado del circo.*
el coraje PFF	1. **Courage** (s. oben) 2. **Zorn, Wut** *Le da mucho coraje el hecho de que ni siquiera estés dispuesto a escucharle.*
Creme	***la crema*** (Pflege, Kosmetik usw.) *Mi piel es tan sensible que sólo puedo utilizar cremas especiales muy caras.*
la crema PFF	1. **Creme** (s. oben) 2. **Cremesuppe** *La taberna es conocida por sus excelentes y variadas cremas.* 3. **Cremespeise, Sahne(pudding)** *No comas tanta crema sino engordarás.*

D

Datum	***la fecha*** *Se me ha olvidado la fecha de su llegada.*
el dato	**Angabe, Beleg** *La exportación de coches ha subido más de un 5 %, un dato que refleja el potencial económico del país.* (Im Pl. stimmen die Bedeutungen überein: **Daten**, allg., TECHN., EDV.)
deklinieren	***declinar*** *Es preciso aprender a declinar los sustantivos alemanes.*
declinar PFF	1. **ablehnen** *El mánager declina especificar los motivos de su decisión.* 2. **nachlassen, abklingen, zurückgehen** *Declina el interés del autor en escribir nuevas historias.* 3. **untergehen** (Sonne), **zu Ende / zur Neige gehen** *Cuando la tarde comenzó a declinar me entraron ganas de volver a casa y leer un buen libro.* 4. **deklinieren** (s. oben)
Dekor	***la decoración, el adorno*** (Dekoration, Verzierung) *Juan me ha regalado un anillo con adornos de oro para nuestro aniversario de boda.*
el decoro	**Anstand, Schicklichkeit, Würde** *Es una película que cuenta de manera muy real la vida de una prostituta. Eso sí, guardando el decoro en todo momento.*
delikat	1. ***delicioso, a, sabroso, a, rico, a*** (lecker) *Este vino tinto es riquísimo.* 2. ***delicado, a*** (heikel) *Elegir a los candida-*

tos es un asunto delicado porque no se debería favorecer a nadie.

delicado, a PFF 1. **zart, zerbrechlich, anfällig, kränklich** *El gatito es tan delicado que posiblemente no sobrevivirá a la infección.*
2. **feinfühlig, taktvoll** *Trata a la recién viuda de una manera muy delicada.*
3. **delikat** (heikel; s. oben)

Delikatesse 1. ***el manjar (delicioso), la exquisitez*** *Este plato es una verdadera exquisitez.*
2. ***la delicadeza*** (Feingefühl, Behutsamkeit) *Abre el paquete con delicadeza porque encima está escrito «¡frágil!».*

la delicadeza PFF 1. **Zartheit, Feinheit, Empfindlichkeit** *Un buen vino se distingue entre otras cosas por la delicadeza de su sabor.*
2. **Delikatesse** (Feingefühl; s. oben)

Demonstrant/in ***el/la manifestante*** *Los manifestantes se reúnen en la Plaza Mayor.*

el/la *demonstrante Ø

Demonstration 1. ***la manifestación*** (POL.) *La manifestación a favor de ETA ha sido declarada ilegal.*
2. ***la demostración*** (allg. [Beweis-]Führung; Bekundung, Darlegung) *Me enseñó las fotos de la gran demostración de solidaridad hacia el pueblo palestino.*

la demostración PFF **Demonstration** (Beweisführung usw.; s. oben)

---

demonstrieren 1. ***manifestarse*** (POL.) *Un pequeño grupo de trabajadores se está manifestando mientras los otros siguen trabajando.*
2. ***demostrar*** (beweisen, darlegen) *Queremos demostrarles cómo funciona esta máquina.*

demostrar PFF **demonstrieren** (beweisen; s. oben)

---

denunzieren — ***delatar*** (‚anschwärzen') *Ha delatado a su vecino por pura envidia.*

denunciar — 1. **anzeigen** (RECHT) *El comerciante denunció al muchacho porque le había robado varios objetos.*
2. **publik machen, melden** *Con la manifestación querían denunciar la diferencia salarial entre hombres y mujeres.*

---

designieren — ***designar*** (für ein Amt vorsehen) *El recién designado ministro ya está hablando de los grandes cambios que va a realizar.*

designar PFF — 1. **benennen, bezeichnen** *«Star» es la palabra inglesa para designar una estrella (de cine, por ejemplo).*
2. **auswählen, bestimmen** (allg.) *El alcalde ha designado la plaza de la iglesia como lugar para celebrar el concierto.*
3. **designieren** (s. oben)

Desinteresse — ***la indiferencia*** (Gleichgültigkeit), ***el desinterés*** *Su indiferencia es tan grande que le da totalmente igual si me voy o me quedo.*

el desinterés PFF — 1. **Selbstlosigkeit, Uneigennützigkeit** *Sólo la gente modesta es capaz de demostrar que el desinterés mueve fronteras.*
2. **Desinteresse** (s. oben)

Dessert — ***el postre*** *Este restaurante es conocido por sus deliciosos postres caseros.*

el *deserto — Ø

Detail — ***el detalle*** *No me cuentes todos los detalles, solamente quiero saber el resultado final.*

el detalle PFF — 1. **Detail** (s. oben)
2. **nette/großzügige Geste, Aufmerksamkeit** *Son los pequeños detalles los que mantienen una amistad.*

---

dezent 1. ***discreto, a*** (Kleidung, Verhalten, Farbe), ***suave*** (Licht, Geräusch), ***tenue*** (Licht, Farbe) *Siempre me pongo ropa discreta cuando tengo una reunión con mi jefe.*
2. ***decente*** (angemessen, anständig) *No me parece un precio decente para una casa tan vieja.*

decente PFF **dezent** (s. oben)

Diät ***la dieta, el régimen*** *El régimen es el único método eficaz para perder peso de forma rápida.*

la dieta PFF 1. **Diät** (s. oben)
2. **Landtag** *En muchos estados federados al Parlamento se le llama Dieta.*
auch (veraltet): **Bundestag** (***la Dieta federal***)

Direktion ***la dirección*** (Leitung, Führung) *Después de la muerte de su padre, el hijo se hizo cargo de la dirección de la empresa.*

la dirección PFF 1. **Richtung** *¿Por favor, me puede indicar la dirección para ir al teatro?*
2. **Anschrift, Adresse** *Mientras no conozca su dirección no puedo enviarle la carta.*
3. **Direktion** (s. oben)

Direktive ***la directiva*** (Anleitung, Weisung) *El Gobierno acaba de establecer varias directivas para mejorar el trabajo de los alcaldes.*

la directiva PFF 1. **Vorstand** *La directiva ha declarado la empresa insolvente.*
2. **leitende Angestellte, Managerin** *Es la directiva más profesional de esta empresa.*
3. **Direktive** (s. oben)

Dirigent/in ***el director / la directora (de orquesta)*** *Kurt Masur es un famoso director de orquesta alemán.*

el/la dirigente **Leiter/in, Manager/in, Führer/in** *Mi prima ha sido elegida dirigente de la asociación.*

---

dirigieren ***dirigir*** *Dirigir una orquesta es un verdadero arte.*

dirigir PFF 1. **leiten, führen, lenken** *Hace falta una persona que sepa dirigir a este grupo de gente tan diferente.*
2. **dirigieren** (s. oben)
auch: **das Wort an jdn. richten** (***dirigir la palabra a alg.***)

Disko(thek) ***la disco(teca)*** *¡Vamos a bailar a la discoteca!*

el disco 1. **Scheibe** *Para jugar a la ruleta francesa se necesita un disco giratorio con números.*
2. **Schallplatte** *Mi hermano ha vendido todos sus discos viejos porque ahora prefiere los CD.*
3. **Diskus** (SPORT) *El lanzamiento de disco es un deporte que exige mucha fuerza.*
auch: **Festplatte** (**~ *duro***)

la discoteca PFF 1. **Diskothek** (s. oben)
2. **Schallplattensammlung** *No tiene ningún disco de música rock en toda su discoteca.*
3. **(Schall-)Plattenladen** (Peru) *He descubierto este disco tan buscado en una discoteca de Lima.*

---

diskret ***discreto, a*** *Con este asunto tan importante hay que proceder de manera discreta.*

discreto, a PFF 1. **dezent** (Kleidung, Verhalten, Farbe) *El cuadro está pintado con colores discretos.*
2. **diskret** (s. oben)

---

diskriminieren ***discriminar*** *Es ilegítimo discriminar a un empleado por su orientación sexual.*

discriminar PFF 1. **diskriminieren** (s. oben)
2. **unterscheiden** *Hay que discriminar entre los parados que desean trabajar y los que prefieren quedarse en casa.*

Diskurs ***la discusión, el debate*** (lebhafte Erörterung, Debatte) *Sus palabras enseguida provocaron un debate vehemente.*

el discurso 1. **Rede, Ansprache** *Se notó que no había preparado el discurso.*
2. **(wissenschaftliche) Abhandlung** *Ha documentado los resultados de su investigación en un discurso muy detallado.*

Dissertation ***la tesis (doctoral)*** (Doktorarbeit) *Tardé cinco años en terminar mi tesis doctoral.*

la disertación **wissenschaftliche(r) Vortrag/Abhandlung** *Durante la semana cultural se han programado disertaciones y coloquios sobre diferentes temas.*

Dokumentation ***la documentación*** *Para optar a la plaza de funcionario te piden mucha documentación.*

la documentación PFF 1. **amtliche Papiere, Unterlagen** (Sg. im Span.) *Los inmigrantes no encuentran trabajo por no tener la documentación reglamentaria.*
2. **Dokumentation** (s. oben)

Droge ***la droga*** (auch fig.) *La marihuana es una droga blanda.*

la droga PFF 1. **Droge** (s. oben)
2. **Geldschuld** (Am., ugs.) *Tiene muchas drogas que nunca podrá pagar.*

Duell	***el duelo*** *El esposo engañado retó a duelo a su rival.*
el duelo PFF	1. **Trauer** *Se pusieron bandas negras en el brazo en señal de duelo por la muerte de su colega.* 2. **Duell** (s. oben)

E

Effekt *el efecto* (Wirkung, Ergebnis) *La rabieta del niño no causó ningún efecto. Sus padres le miraron y siguieron hablando tranquilamente.*

el efecto PFF 1. **Wirkung, Ergebnis** (s. oben)
2. **Sachen, Gegenstände** (immer Pl.) *Cuando salió de la prisión le devolvieron todos sus efectos personales.*
3. **Wertpapier, Wechsel** *Los cheques son efectos que han quedado un poco en desuso.*

Elan ***el brío, el ímpetu*** *El joven profesor trabaja con mucho ímpetu.*

el *elano Ø

Eminenz ***Su Eminencia*** (Titel) *Su Eminencia el cardenal Joachim Meisner es el arzobispo de Colonia.*
auch: ***la eminencia gris*** **(graue Eminenz)**

la eminencia PFF 1. **Eminenz** (s. oben)
2. **Experte, Meister, Genie** *Juan es una eminencia de las matemáticas.*
3. **Anhöhe, Vorsprung, Erhebung** (GEOL.) *Desde esta eminencia se tiene una maravillosa vista sobre todo el valle.*

Emission ***la emisión*** (PHYS., WIRTSCH.) *La reducción de las emisiones de CO_2 sigue siendo el punto de controversia entre los partidos políticos. El banco ha anunciado una nueva emisión de acciones.*

la emisión PFF 1. **Emission** (s. oben)

2. **Sendung, Ausstrahlung, Übertragung** (RADIO, TV) *Han decidido prohibir la emisión de este programa infantil por su gran brutalidad.*

Endivie — ***la escarola*** *Las hojas de la escarola son ligeramente amargas.*

la endibia — **Chicorée** *Las endibias se consumen sobre todo crudas en las ensaladas.*

---

enorm — ***enorme*** (riesig, gewaltig) *Todavía no me siento lista para esta enorme tarea.*

enorme PFF — 1. **enorm** (s. oben)

2. **extrem, übermäßig, unverhältnismäßig** *Yo no puedo aguantar el enorme calor de los paises tropicales.*

3. **überragend, toll, außergewöhnlich** *El Barça estuvo enorme en el partido contra el Real Madrid.*

auch (ugs.): **in Höchstform sein (*estar* ~)**

Ente — ***el pato*** *El pato atraviesa el lago seguido de sus crías.*

el ente — 1. **Körperschaft, Behörde, Amt** *La situación económica de los entes públicos sigue siendo alarmante.*

2. **Wesen** *Este científico cree en la existencia de entes extraterrestres.*

3. **komischer Kauz, Sonderling** (ugs.) *Mi hermano es un ente raro que no sale nunca de su habitación.*

Erektion — ***la erección*** *En público todavía no se habla abiertamente de los problemas de erección.*

la erección PFF — 1. **Erektion** (s. oben)

auch (allg.): **Aufrichten, Aufstellen**

	2. **Errichtung, Gründung** *El domingo se celebra la erección de la nueva sucursal de nuestra empresa en Valladolid.*
Etat	***el presupuesto*** (FIN.) *El ministerio cuenta con un presupuesto de cinco millones de euros para el año 2011.*
el estado	1. **Lage, Zustand, Stadium** *El estado del paciente sigue mejorando.* 2. **Staat** (großgeschrieben) *Mi primo es, desde hoy, abogado del Estado.* 3. **Rang, Stand** *¿Me podría decir su estado civil? – Sí, soy soltera.*
exekutieren	***ejecutar*** *Ejecutaron a todos los presos.*
ejecutar PFF	1. **ausführen** (Arbeit, Auftrag usw., EDV), **erfüllen** (Vertrag) *Le pagaré cuando haya ejecutado el servicio por completo.* 2. **pfänden, vollstrecken** (RECHT) *Si no paga sus deudas hasta final de mes los acreedores ejecutarán su hipoteca inmobiliaria.* 3. **exekutieren** (s. oben) 4. **spielen** (Musik) *Ha ejecutado la pieza de música casi a la perfección.*
exerzieren	1. ***ejercitar*** (MILIT., transitiv) (exerzieren lassen) *El oficial ejercita mucho a los soldados.* 2. ***hacer ejercicios/maniobras*** (MILIT., intransitiv) *Hacen maniobras para demostrar la fuerza militar del Estado.*
ejercer	**ausüben** (Einfluss, Druck usw.), **betreiben** (Geschäft), **bekleiden** (Amt) *El profesor ejerce demasiada presión sobre los estudiantes.* auch: **als** (z.B.) **Friseur arbeiten** (~ ***como peluquero***)

Existenz	1. ***la existencia*** (Vorhandensein) *Yo, personalmente, no creo en la existencia de extraterrestres.* 2. ***la subsistencia, el sustento*** (Lebensunterhalt, Auskommen) *Ni siquiera le queda lo suficiente para asegurar su sustento.*
la existencia PFF	**Existenz** (Vorhandensein; s. oben)
Exitus	***la muerte, el fallecimiento*** *El fallecimiento inesperado de su colega les ha afectado mucho a todos.*
el éxito	**Erfolg** *Es increíble que este chico tenga éxito en todo lo que empieza.* auch: **Verkaufsschlager, ‚Renner'** (~ ***de ventas***)
Exkurs	1. ***la digresión*** (Abschweifung) *Esa digresión ha sido necesaria para comprender los hechos.* 2. ***el apéndice*** (Anhang) *En el apéndice encontrarán más información sobre este tema.*
el *excurso	Ø
Exkursion	***la excursión*** (wissenschaftliche ~, Ausflug [unter wissenschaftlicher Leitung]) *Las excursiones de los estudiantes están subvencionadas, en gran parte, por la facultad.*
la excursión PFF	1. **Wanderung** (~ ***a pie***), (Auto-)Tour *Este fin de semana iremos de excursión en su nuevo Porsche.* 2. **Exkursion** (s. oben)
explodieren	***explotar*** (auch fig.), ***estallar, reventar*** (platzen) *La bomba estalló junto al hospital municipal.*
explotar PFF	1. **explodieren** (s. oben)

2. **(aus)nutzen, ausbeuten** *Hay que impedir que los niños sean explotados por las empresas.*
3. **betreiben, bewirtschaften** *La empresa donde trabaja mi padre explota una mina de cobre en Chile desde hace más de veinte años.*

---

extra (Adv.) 1. ***por separado, aparte*** (gesondert) *Seguro que ganarías más dinero si vendieras estos libros por separado.*
2. ***especialmente*** (eigens, speziell) *Toco el piano especialmente para ti.*
3. ***a propósito, ex profeso*** (absichtlich, vorsätzlich) *A mí me parece que se ha olvidado de la cita a propósito.*
4. ***extra, de más*** (außerdem, zusätzlich) *La vendedora le da al niño unos caramelos de más.*

extra PFF **extra** (außerdem, zusätzlich; s. oben)
auch: **Überstunden** (***las horas extras***), (als unveränderliches Adj.): **erstklassig** *Es un queso de calidad extra.*

Exzess ***el exceso*** *Los excesos alcohólicos de su hijo le preocupan mucho.*

el exceso PFF 1. **Über..., Übermaß, Überschreitung, Überschwang** *Me cobran 20 euros por el exceso de equipaje.*
2. **Exzess** (s. oben)
im Pl. auch: **Ausschreitungen**

---

extrahieren ***extraer*** (CHEM.) *Los químicos acaban de desarrollar un nuevo proceso para extraer estas sustancias tóxicas.*

extraer PFF 1. **extrahieren** (s. oben)

2. **(heraus)ziehen, entfernen** *A la pobre niña le acaban de extraer un diente de leche.*
auch: **Geld abheben** (**~** ***dinero***), **Schlüsse ziehen** (**~** ***conclusiones***)
3. **fördern, abbauen** (BERGBAU) *Alemania dejará de extraer carbón en 2018 porque ya no es rentable.*

F

Fakt — ***el hecho*** *Los hechos hablan por sí solos.*

*el *facto* — Ø

Fakultät — ***la facultad*** (UNIV.) *Estudió tres años en la facultad de Filosofía y Letras de Granada.*

la facultad PFF — 1. **Fähigkeit, Talent, Können** *Esta chica tiene una facultad extraordinaria para memorizar fechas.*
2. **Fakultät** (s. oben)

Fall — 1. ***la caída*** (allg.), ***la baja*** (Preise, Kurs) *La caída del muro de Berlín fue el mayor acontecimiento del año 1989.*
2. ***el caso*** *En este caso deberías hacer una excepción.*

el fallo — 1. **Fehler, Irrtum, Versagen** (auch TECHN., MED.) *El empleado había cometido tantos fallos graves que el jefe acabó por despedirle. Mi padre murió por un fallo cardíaco.*
2. **Urteil** (RECHT) *El acusado no acepta el fallo pronunciado hoy por el tribunal.*

Falte — ***el pliegue*** (Stoff, Papier usw.), ***la arruga*** (Haut-) *Antes de cumplir los 40 años no tenía ni una sola arruga.*

la falta — 1. **Fehler, Irrtum** *Este libro está plagado de faltas.*
2. **Fehlen, Mangel** *Mi amigo ha dejado de jugar al fútbol por falta de tiempo.*

---

famos — ***estupendo, a, magnífico, a*** *El partido de fútbol que miramos el sábado fue magnífico.*
ugs. auch: ***famoso, a***

famoso, a	1. **berühmt, bekannt** *Ayer vendieron el famoso cuadro de Rubens por un millón de euros.* 2. **famos** (s. oben)
fatal	***fatal, funesto, a*** (verhängnisvoll) *La abuela cometió un error fatal al dejar a su nieto solo en el coche.*
fatal PFF	1. **fatal** (s. oben) 2. **tödlich** *Su único hijo murió en un fatal accidente de moto hace unos años.* 3. **schlecht, mies, dreckig** (ugs.) *Me siento fatal.*
Fee	***el hada*** (f.) *Mis niños siguen creyendo en hadas y brujas.*
la fe	1. **Glaube, Vertrauen** *A causa de esta desgracia Carmen ha perdido su fe en Dios.* 2. **Nachweis, Urkunde** *Para contraer matrimonio se necesita la fe de bautismo.* 3. **Wort, Versprechen** *Da fe de que la persona de la foto es el hombre que están buscando.* auch: **eheliche Treue (~ *conyugal*)**
Ferien	***las vacaciones*** *Este año pasaremos las vacaciones en casa.*
la feria	1. **(Volks-)Fest, (Jahr-)Markt** *De niña me encantaba ir a las ferias.* 2. **Messe** *La feria del libro se celebra en Fráncfort.*
Figur	1. ***la figura, la forma*** (Gestalt, Form, Aussehen) *La forma de esta torre me recuerda a la torre Eiffel de París.* 2. ***la ilustración*** (Abbildung) *Lo más bonito de este libro son las ilustraciones.*

3. ***la pieza*** (Spielstein) *Sin las piezas no podemos continuar la partida.*
4. ***la línea*** (Linie, Figur) *Está un poco gordita, debería guardar la línea.*

la figura PFF 1. **Figur** (Gestalt; s. oben)
2. **Persönlichkeit** *Este partido político es tan popular gracias a sus figuras carismáticas.*

Film 1. ***la película*** (TV, Kino) *¿Qué te parece ir al cine esta tarde para ver la última película de Spielberg?*
selten auch: ***el film(e)***
2. ***el cine*** (Film als Kunstgattung) *Tom Cruise es una estrella del cine americano.*
3. ***la película*** (dünne Schicht) *Se ha formado una película de hielo muy fina sobre el lago.*

el film(e) **Film** (s. oben)

Firma ***la empresa*** *Mi padre trabaja en una empresa de transporte.*
selten auch: ***la firma***

la firma 1. **Unterschrift** (auch fig., im Sinne von ›Stil‹) *En esta obra se ve la firma típica del artista.*
2. **Firma** (s. oben)

Flasche ***la botella*** *Esta cerveza sólo se vende en botellas de 33 cl.*

el flash **Blitz(licht)** (FOTOGR.) *Con tan poca luz tienes que activar el flash si quieres que te salga una foto bonita.*

Flaute 1. ***la calma*** (NAUT.) *Tanta calma empieza a preocupar a los organizadores del campeonato de windsurf.*
2. ***el estancamiento, la depresión*** (FIN.) *La*

	depresión económica se refleja también en el desempleo masivo actual.
la flauta	**Flöte** *Pedro siente gran afición por la flauta, la toca casi todos los días.*

Flöte	***la flauta*** *El sonido de una flauta de madera bien acabada es maravilloso.*
la flota	1. **Flotte, Handelsflotte** (~ ***mercante***), **Fischfangflotte** (~ ***pesquera***) *La flota de aviones de guerra de este país ha costado millones de euros.* 2. **Fuhrpark** *La empresa amplió la flota de vehículos en diez unidades.* 3. **Überlandbus** (Bol., Kol.) *En vez de viajar en tren podrías tomar una flota.* 4. **Prahlerei** (Kol., Pan.) *No le creo ni una palabra. Es pura flota.*

---

formal	***formal*** *El funcionario ha detectado un error formal en los actos administrativos.*
formal PFF	1. **formal** (s. oben) 2. **formell, förmlich** *Le ha costado mucho escribir una carta formal para la administración.* 3. **korrekt, anständig, wohlerzogen** *A todas las madres les gustaría tener un yerno formal.* auch: **seriös**

Formalität	***la formalidad, el trámite*** *Creo que la entrevista de hoy es pura formalidad, ya que el jefe de personal ya tiene decidido contratarme.*
la formalidad PFF	1. **Formalität** (s. oben) 2. **Anständigkeit, Zuverlässigkeit, Korrektheit** *No me asocié con Pedro por falta de formalidad.* 3. **Förmlichkeit** *Deja las formalidades y llámame por mi nombre.*

Formation *la formación* (allg. Gestaltung, Bildung, Entstehung und GEOL., MIL.) *La formación de las montañas es un proceso muy interesante. Los soldados desfilan en formación cerrada.*
auch: **Rauchentwicklung** (~ ***de humo***)

la formación PFF 1. **(Aus-)Bildung** (~ ***escolar,*** ~ ***profesional***) *No todos los padres pueden permitirse pagar mucho dinero para la formación escolar de sus hijos.*
auch: **Fortbildung** (~ ***continua***)
2. **Formation** (s. oben)

Fraktion ***el grupo parlamentario, la fracción*** (POL., allg.) *El Grupo Parlamentario Socialista perderá muchos votos en las próximas elecciones nacionales.*

la fracción PFF 1. **Bruchstück, (Bruch-)Teil** *El conductor del autobús se durmió durante una fracción de segundo.*
2. **Fraktion** (s. oben)
3. **Brechen, Bruch, Aufsplitterung** *Se ha producido una fracción dentro del Partido Laborista inglés.*
4. **Bruch** (MATH.) *El profesor enseña a calcular fracciones a los alumnos.*

---

frankieren ***franquear*** *Necesito ir a Correos para franquear esta carta.*

franquear PFF 1. **freimachen, räumen** (Hindernisse entfernen) *Antes de ocuparse de los heridos, los bomberos tienen que franquear la entrada del edificio destruido.*
2. **frankieren** (s. oben)
3. **erlassen** (z. B. Schulden) *Tras infinitas ne-*

	gociaciones se decidió franquear las deudas a varios paises latinoamericanos. auch: **jdm. Eintritt gewähren** (**~ *la entrada a alg.***)
frisch	1. ***fresco, a*** (neu; kalt) *Después de tanto esfuerzo nos merecemos una cerveza bien fresca.* 2. ***limpio, a*** (Wäsche) *Ponte la ropa limpia que te he dejado encima la cama.*
fresco, a PFF	1. **frisch** (neu; kalt; s. oben) 2. **frech, unverschämt** (ugs.) *Alicia es una fresca, nunca hace lo que se le dice.*
frisieren	1. ***peinar / arreglar(se) el pelo*** *¡Es increíble, mi novia tarda media hora en arreglarse el pelo!* 2. ***falsear*** (Zahlen, Bilanz) *Resultó que habían falseado el balance de la empresa.* 3. ***trucar*** (Motor) *Javier está furioso porque su hijo ha trucado la moto.*
frisar	1. **(auf)rauen** (Stoff) *Me he comprado una falda muy bonita de tejido frisado.* 2. **herankommen an, sich einer Sache nähern** *Aunque ya estoy frisando los sesenta todavía me siento bastante joven.*
Frisur	***el corte de pelo*** *Este corte de pelo te sienta muy bien.*
la *frisura	Ø
Fuge	1. ***la fuga*** (MUSIK) *Johann Sebastian Bach compuso algunas de las fugas más famosas.* 2. ***la junta, la unión*** (TECHN.), ***la hendidura, la ranura*** (allg. Ritze, Spalt) *El albañil rellena las juntas de la pared con yeso.*

la fuga PFF 1. **Flucht** *La fuga del peligroso criminal ha provocado mucho miedo a la población.*
2. **undichte Stelle, Leck** *El mecánico dice que la pérdida de gasolina es debida a una fuga en el depósito.*
auch: **Ausfließen, Ausströmen** (von Flüssigkeit/Gas)
3. **Fuge** (MUSIK; s. oben)

---

fundiert ***fundado, a, sólido, a*** *Su conocimiento en el campo de las matemáticas es muy sólido.*

fundido, a 1. **geschmolzen, verschmolzen** *No me gusta el olor del queso fundido.*
2. **durchgebrannt** (Glühbirne) *No hay luz en la habitación porque la bombilla está fundida.*

Funktion ***la función*** (auch MATH.), ***el funcionamiento*** (Funktionieren) *El técnico nos está explicando el funcionamiento de la máquina.*
auch: **in Funktion treten (*ponerse en funcionamiento*)**

la función PFF 1. **Funktion** (s. oben)
2. **Veranstaltung, Vorstellung** (Kino, Theater usw.) *La función fue un éxito total.*

Funktionär/in ***el funcionario / la funcionaria*** (POL.) *El juez ha condenado a tres funcionarios importantes del Partido Comunista a pagar 10.000 euros.*

el funcionario / la funcionaria PFF 1. **Beamter/Beamtin** *Los funcionarios de Correos piden al Estado un aumento de sueldo.*
2. **Funktionär** (s. oben)

G

Garage ***el garaje, la cochera*** *El coche está aparcado en el garaje.*

el garaje PFF 1. **Reparaturwerkstatt** *Tengo que llevar mi coche al garaje para que me lo reparen.*
2. **Garage** (s. oben)

Gastronom(in) ***el gastrónomo / la gastrónoma*** *Los gastrónomos impartirán clases de cocina a los mejores estudiantes de la Escuela de Hostelería.*

el gastrónomo / la gastrónoma PFF 1. **Gastronom** (s. oben)
2. **Feinschmecker(in)** *Paco es un verdadero gastrónomo a quien le encanta la cocina francesa.*

---

generös ***generoso, a*** (edelmütig, großherzig, freigebig) *Antonio es un hombre muy generoso que siempre ayuda a los amigos.*

generoso, a PFF 1. **generös** (s. oben)
2. **reichlich, reichhaltig** *La ración de paella que me comí era muy generosa.*
3. **ertragreich** (Boden) *Una tierra generosa evita que los campesinos pasen hambre.*
auch: **Dessertwein** (***el vino generoso***)

Genie ***el genio*** *Mi hijo es un genio de los idiomas.*

el genio PFF 1. **Genie** (s. oben)
2. **Charakter, Geist** (z.B. einer Zeit, Sprache) *En general el genio de una época también se refleja en el arte.*
auch: **aufbrausendes, jähzorniges Wesen** (***tener mucho/mal genio***)

Geste	***el*** ⚠ ***gesto*** (auch fig.), ***el ademán*** *Un gesto de su jefe le hizo callar y tomar asiento. Regalarle una rosa a su esposa fue un bonito gesto de amor.*
el gesto PFF	1. **Geste** (s. oben) 2. **Gesichtsausdruck, Miene** *Con gesto serio me comentó que abandonaría a su novia.*
Globus	***el globo*** *Al niño le han regalado un globo luminoso de gran valor.* auch: ***el globo terrestre/terráqueo*** (**Erdball/-Kugel**)
el globo PFF	1. **(Luft-)Ballon** *¡Ten cuidado de no soltar el globo! Sino, se lo llevará el viento.* auch: **Heißluftballon** (***~ aerostático***), **Lampenschirm** (***~ de una lámpara***) 2. **Globus** (s. oben)
Gouvernante	***la institutriz*** *Sus hijos no aceptan a la nueva institutriz.*
el/la gobernante	**Regierende(r), Herrscher(in)** *El pueblo está muy contento con el nuevo gobernante.*
Grafiker/in	***el/la dibujante, el/la grafista*** *Los dibujos de este grafista son muy especiales.*
el gráfico	**Grafik** (Schaubild) *Voy a explicarles el problema mediante un gráfico simple.*
Granate	***la granada, el obús*** *Durante la Segunda Guerra Mundial los enemigos atacaron la iglesia con una granada.*
el granate	1. **Granat** (Stein) *El granate es una piedra hermosa bastante barata.* 2. **Granat(farbe)** *Me he comprado una falda de color granate.*

Grazie	***la gracia, el garbo, el donaire*** (Anmut) *Lo que más me impresiona es el garbo de esta bailarina.*
la gracia PFF	1. **Gnade, Gunst** *No hay más remedio que confiar en la gracia de Dios.* 2. **Witz** *Este chiste tiene mucha gracia.* 3. **Grazie** (s. oben) im Pl. auch: **Dank**
graziös	***gracioso, a, airoso, a, garboso, a*** (anmutig, lieblich) *Luisa es una chica graciosa que es querida por todo el mundo.*
gracioso, a PFF	1. **witzig** *Tiene una nariz larga muy graciosa.* 2. **graziös** (s. oben)
Griff	1. ***el agarradero*** (um sich festzuhalten) *Están instalando más agarraderos en los vagones del metro.* 2. ***el asa*** (f.) (Henkel) *Las asas de la cesta se rompieron porque la habíamos sobrecargado.* 3. ***el mango*** (z.B. einer Schaufel) *Mi hijo quería una pala con el mango de madera.*
el grifo	**Wasserhahn** *Julio tiene la costumbre de beber el agua directamente del grifo en vez de utilizar un vaso.*
Gymnasium	*etwa:* ***Instituto de Educación Secundaria*** *El gobierno ha construido muchos Institutos de Educación Secundaria durante los ultimos 10 años.*
el gimnasio	**Turnhalle** *Como está lloviendo vamos al gimnasio y no al campo de deportes.*

H

habilitieren	etwa: ***ganar una cátedra universitaria*** *Después de haber ganado la cátedra universitaria, mi padre fue contratado por la Universidad de Berlín.*
habilitar	1. **ausrüsten, versorgen** (mit: *de*) *Estoy indeciso de cómo habilitarnos para el viaje.* 2. **qualifizieren** (für: *para/como*) *Si aprueba este examen, Juan estará habilitado para trabajar como guía turístico.*
habilitiert	etwa: ***recibido, a en el cuerpo docente*** *Mi padre fue recibido en el cuerpo docente de la universidad con gran satisfacción.*
habilitado, a	1. **ermächtigt, berechtigt, befugt** *Han habilitado al menor de edad a salir del país sin ser acompañado de un adulto.* 2. **befähigt** *José está habilitado para enseñar alemán a sus colegas.*
Habitus	1. ***el aspecto (exterior)*** (Gesamterscheinungsbild) *Por su aspecto diría que es un guardaespaldas.* 2. ***la actitud*** (Haltung, Auftreten) *Por su actitud se nota que está triste.*
el hábito	1. **Gewohnheit** *Tengo el mal hábito de fumar pipa.* 2. **Ordenskleid, Habit** (REL.) *Las monjas del convento de Santa Clara llevan un hábito negro.*
hart	1. ***duro, a*** (auch fig.) *Este pan está demasiado duro para el abuelo. El clima en esta región es muy duro.*

	2. ***severo, a*** (streng) *Este juez tiene la fama de ser muy severo.*
	3. ***fuerte*** (stark, groß) *Los precios siguen bajando a causa de la fuerte competencia.*
harto, a	1. **satt, überdrüssig** (in Wendungen) *Estoy harta de tus cambios de humor. El profesor está harto de repetirlo todo.*
	2. **viel, groß, stark** (geh.) *Se quejan de este tratamiento, con harta razón.*
Hazienda	***la hacienda*** (Landgut) *Su familia vive en una hacienda en Argentina.*
la hacienda PFF	1. **Hazienda** (s. oben)
	2. **Vermögen, Besitz** *Aumentó su hacienda gracias a la herencia que le dejó su abuela.*
	3. **Staatshaushalt, Finanzwesen** (~ ***pública***), **Finanzverwaltung** *Hacienda debería controlar más los gastos de los distintos departamentos del Gobierno.*
hektisch	***agitado, a*** (Leben), ***nervioso, a*** (nervös), ***febril*** (betriebsam) *Se supone que sus movimientos nerviosos son debidos a un tic.*
****héctico, a***	Ø
horrend	1. ***exagerado, a, enorme*** *El cambio climático provoca enormes consecuencias a la agricultura.*
	2. ***exorbitante*** (Preis) *Nada justifica este precio tan exorbitante.*
horrendo, a	**grauenerregend, entsetzlich** *Al acercarse al lugar del accidente se encontraron con un espectáculo horrendo.*
Humanität	**la humanidad** *El dictador fue acusado por crímenes contra la humanidad.*

la humanidad PFF 1. **Menschheit** *El progreso de la medicina ha mejorado la calidad de vida de gran parte de la humanidad.*
2. **Humanität** (s. oben)

I

ignorieren	***no hacer caso / ignorar a alg., pasar a alg. por alto*** *Es increíble, ¡no me haces ni el más minimo caso!*
ignorar PFF	1. **nicht wissen/kennen** *Ignoro el verdadero motivo de su acto.* 2. **ignorieren** (s. oben)

Illusion	1. ***la ilusión, la esperanza*** (Wunschdenken, Selbsttäuschung) *No te hagas ilusiones, ya no volverá más.* 2. ***la ilusión*** ([Sinnes-]Täuschung) *Lo que has visto no es real, es sólo una ilusión.*
la ilusión PFF	1. **(Vor-)Freude** *Juega al fútbol con mucha ilusión.* 2. **Illusion** (Wunschdenken; s. oben) 3. **Illusion** (Sinnestäuschung; s. oben)

imponieren	***impresionar*** *Miguel intenta impresionar a la mujer que le gusta.*
imponer	1. **auferlegen** (Steuern, Pflicht usw.), **verhängen** (Strafe), **erheben** (Steuern, Gebühren, Zoll usw.) *La madre le impone a su hijo la obligación de cuidar de su hermanita.* 2. **aufzwingen, aufdrängen** (Meinung, Hilfe usw.) *Este catedrático siempre trata de imponer su opinión radical a los estudiantes.* 3. **einflößen** (Respekt, Angst usw.) *Los perros grandes me imponen mucho respeto.* auch: **den Namen ... geben (*~ el nombre de ...*)**

Import	***la importación*** *La importación de vino es-*

pañol de Estados Unidos salva la economía de muchos campesinos andaluces.

el importe **Betrag, Summe** *El banco cobra un determinado importe por el mantenimiento de la cuenta.*

---

impotent ***impotente*** *Como su marido fue diagnosticado impotente, decidieron adoptar a dos niños africanos.*

impotente PFF 1. **machtlos** *Nuestros vecinos se sienten impotentes frente a sus problemas económicos.*
2. **unfähig, kraftlos** *Se ve impotente para llevar a cabo este encargo.*
3. **impotent** (s. oben)

Impression ***la impresión*** (Eindruck, Empfindung) *Es la primera impresión la que importa.*

la impresión PFF 1. **Abdruck** (z.B. Finger-), **Druck(en)** (TYPOGR.), **Ausdruck** (EDV) *Hágame tres impresiones a color, por favor.*
2. **Impression** (s. oben)

Index ***el índice*** (statistischer Messwert; [Inhalts-] Verzeichnis, Register) *Con este programa el índice se crea automáticamente.*

el índice PFF 1. **Index** (s. oben)
auch: **Einschaltquote** (~ ***de audiencia***)
2. **Zeigefinger** *Me señaló con el índice.*

Indikativ ***el indicativo*** (SPRACHW.) *En español se utiliza casi tanto el subjuntivo, que indica subjetividad, como el indicativo, que expresa realidad.*

el indicativo PFF 1. **Indikativ** (s. oben)
2. **Hinweis(schild)** *Este indicativo significa que aquí está prohibido fumar.*
3. **Vorwahl(nummer)** *El indicativo internacional de España es el +34.*

Indio — ***el indio / la india*** (Indianer[in]) *En algunos países suramericanos los indios representan una gran parte de la población.*

el indio / la india PFF 1. **Inder/in** *Al lado de la casa de mi hermano vive una india muy simpática.*
2. **Indio** (s. oben)

---

indiskutabel — ***inaceptable, indiscutible*** *Es una propuesta indiscutible que no voy a aceptar.*

indiscutible PFF 1. **unbestreitbar, unbestritten, zweifelsfrei** *Es indiscutible que dos más dos hacen cuatro.*
2. **indiskutabel** (s. oben)

Infusion — ***la infusión, el dispositivo por vía intravenosa, el gota a gota*** *Pusieron el gota a gota al enfermo para calmar sus dolores.*

la infusión PFF 1. **Aufguss, Kräutertee** *La infusión de menta se prepara con las hojas frescas de esta planta.*
2. **Infusion** (s. oben)

Inserat — ***el anuncio*** *Voy a poner el anuncio del apartamento en El País.*

el *inserato Ø

Instanz — 1. ***la instancia*** (allg., RECHT) *El autor es quien, en última instancia, decide sobre el contenido de su texto. El acusado ha sido condenado a cinco años de prisión por el Juzgado de Primera Instancia.*
2. ***la autoridad competente*** (Behörde) *Tenemos que solicitar el permiso de entrada ante la autoridad competente.*

la instancia PFF 1. **Gesuch, Antrag** *Rellené una instancia para poder continuar mis estudios en el extranjero.*

2. **Drängen, dringende Bitte** *A instancias de su mujer, acabó yendo al hospital para que le examinaran.*
3. **Instanz** (allg., RECHT; s. oben)

Institut *el instituto, el centro* *La sede principal del Instituto Cervantes se encuentra en Madrid.*

el instituto PFF 1. **Institut** (s. oben)
2. **(höhere) Schule, Gymnasium (~ *[de bachillerato]* / *[de Educación Secundaria]*)** *Como nuestro hijo no tiene problemas con los estudios, vamos a inscribirle en un Instituto de Bachillerato.*
auch: **Schönheitssalon** (**~ *de belleza***)

Instruktion ***la instrucción*** (Anleitung, Anweisung, Verhaltensmaßregel), ***la orden, la directriz*** (Anweisung) *No comprendo nada de estas instrucciones de uso tan complicadas. Los trabajadores están esperando las directrices/órdenes de su jefe.*

la instrucción PFF 1. **Ausbildung, Schulung** *Mi hermano quiere ser piloto de avión. Por eso, va a estudiar en una academia de Toledo, donde la instrucción es muy buena.*
2. **Bildung, Wissen, Kenntnisse** (Pl. im Dt.) *Este trabajador no tiene la instrucción necesaria para manejar la grúa.*
3. **Instruktion** (s. oben)
auch: **Befehl** (EDV)

Intelligenz 1. ***la inteligencia*** *Según los investigadores, la inteligencia humana no tiene límites.*
2. ***los intelectuales, la intelectualidad*** (Gesamtheit der Intellektuellen) *Los intelectuales influyen en la opinión pública.*

la inteligencia PFF 1. **Intelligenz** (s. oben)
2. **Verstehen, Verständnis, Begreifen** *No es una cuestión de inteligencia. Hay que aceptarlo y ya está.*
auch: **Geheimdienst** (***el servicio de ~***)

---

intensiv 1. ***intensivo, a*** *En verano haré un curso intensivo de alemán. Esta máquina se ha utilizado de forma intensiva durante los últimos dos años.*
2. ***intenso, a*** (stark, heftig, grell) *El color del mar en la Costa Brava es de azul intenso. Hay períodos de intensa actividad volcánica y períodos en los que el volcán está completamente inactivo.*

intensivo, a PFF **intensiv** (s. oben)

---

interessant ***interesante*** *Tienes que leer este artículo porque es muy interesante.*

interesado, a 1. **interessiert** *El cliente parece interesado en la oferta.*
2. **selbstsüchtig, auf seinen Vorteil bedacht** *Alberto es muy interesado, sólo me llama cuando necesita algo.*

Interesse ***el interés*** *El bebé no muestra interés por el juguete que le hemos dado.*

el interés PFF 1. **Interesse** (s. oben)
2. **Wert, Nutzen** *Mi tío inventó una herramienta de gran interés.*
3. **Zins** *El Banco Central Europeo ha bajado los tipos básicos de interés en un punto porcentual.*
im Pl. auch: **Zinsen**
4. **Eigennutz** (***~ [personal]***) *Se casó por interés.*

Interpret/in *el/la* ⚠ *intérprete* (MUSIK) *En general se puede constatar que los intérpretes de música clásica no son tan populares como los intérpretes de música moderna.*

el/la intérprete PFF 1. **Dolmetscher/in** *Durante la conferencia el intérprete traduce simultáneamente lo que dicen los políticos.*
2. **Darsteller/in** (THEA., FILM) *No conozco ni a un sólo intérprete de esta película.*
3. **Interpret** (s. oben)

---

interpretieren *interpretar Pensándolo bien, interpreto que se siente culpable.*

interpretar PFF 1. **interpretieren** (s. oben)
2. **spielen, darstellen** (MUSIK, FILM, THEA. usw.) *Penélope Cruz interpretó el personaje de Lena en la película «Los abrazos rotos».*
3. **dolmetschen** *Buscamos a alguien que pueda interpretar del alemán al español.*

Intrige ***la intriga*** *Esto es una intriga infame contra el ministro por parte de sus enemigos políticos.*

la intriga PFF 1. **Intrige** (s. oben)
2. **Handlungsstrang** (Film, Buch usw.) *La novela se compone de dos intrigas paralelas.*
3. **Neugierde** *No sé si podré soportar la intriga por saber si habrá tenido éxito.*

---

intrigieren ***intrigar*** (hinterlistig handeln, Ränke schmieden) *Ha perdido su puesto de trabajo por haber intrigado contra su jefe.*

intrigar PFF 1. **(stark) beschäftigen, neugierig machen** *Me tienes intrigada por lo que estás diciendo sobre este libro.*
2. **intrigieren** (s. oben)

investieren	***invertir*** *Hemos decidido invertir el dinero en un nuevo coche más grande.*
investir	**jdm. einen Titel verleihen, jdn. mit einem Amt bekleiden** *Durante la ceremonia su compañero de la universidad ha sido investido solemnemente con el título de doctor.*
irritieren	1. ***irritar*** (reizen, ärgern), ***molestar*** (stören) *Sigue hablando y no te dejes irritar por las continuas interrupciones del público.* 2. ***desconcertar, confundir*** (verwirren) *Estas explicaciones contradictorias del profesor desconciertan mucho a los pobres alumnos.*
irritar PFF	1. **irritieren** (ärgern; s. oben) 2. **reizen, entzünden** (MED.) *Esta crema tan fuerte puede irritar la piel.*

J

Journalist/in *el/la periodista* *El señor Rodríguez trabaja como periodista para El País.*

*el/la *jornalista* Ø

Jubiläum ***el aniversario*** (Jahrestag), ***la fiesta conmemorativa*** (Gedenkfeier) *El dueño de la tienda ha invitado a sus empleados y a algunos clientes importantes a la celebración del décimo aniversario del comercio.*

el jubileo 1. **Jubelfest** (bei den Juden), **Ablassjahr** (bei den Christen) *El jubileo de los judíos se celebraba cada 50 años y duraba varios días.*

2. **Taubenschlag, ständiges Kommen und Gehen** (fig.) *Cada vez que voy de vacaciones a casa de mis padres es un jubileo, no paro de recibir visitas.*

---

jubilieren ***dar gritos de júbilo, gritar de alegría*** *Los hinchas de FC Barcelona gritaron de alegría cuando Xavi marcó el gol.*

jubilar 1. **in den Ruhestand versetzen, pensionieren, in Rente gehen** (*~se*) *Van a jubilar al director de finanzas por motivos de salud. Mis padres se van a jubilar en breve.*

2. **ausrangieren, aussortieren** (ugs.) *Tengo que jubilar estos pantalones, ya me van demasiado pequeños.*

Jura ***(el) derecho*** *Mi hermana estudia derecho en la Universidad de Madrid.*

la jura **(Treue-)Eid** *Me emocioné mucho en la jura de bandera de mi hermano.*

auch: **Amtseid** (***~ del cargo***)

Justiz	***la justicia*** *Le han asignado el cargo del ministro de Justicia.*
la justicia PFF	1. **Gerechtigkeit, Recht** *Es importante que los niños sepan qué es la justicia.* auch: **gerechterweise** (***en justicia***), **Recht sprechen** (***administrar ~***), **Gerechtigkeitssinn** (***el sentido de justicia***) 2. **Justiz** (s. oben)

K

Kalkül *el* ⚠ *c*__*á*__*lculo* (Berechnung, Überlegung) *Según mis cálculos, entre noviembre y diciembre deberíamos mudarnos de casa.*

el cálculo PFF 1. **Rechnen, Kalkulation** *El alumno tiene dificultades para hacer cálculos mentales.*
2. **Kalkül** (s. oben)
3. **Stein** (MED.), **Nieren-** (~ ***renal***), **Gallen-** (~ ***biliar***) *El paso de un cálculo renal puede ser muy doloroso.*

Kamille ***la manzanilla*** *La manzanilla es muy buena para quitar el dolor de garganta y en general para combatir infecciones.*

la camilla **Krankenbett, -bahre** *Con mucho cuidado colocaron al herido en una camilla.*

Kamin ***la chimenea*** *En invierno nos sentamos delante de la chimenea para calentarnos.*

el camino **Weg** *Tendremos que tomar el camino más corto para llegar a tiempo.*

Kampagne ***la campaña*** *Esta campaña electoral costará mucho dinero.*

la campaña PFF 1. **Feld, (flaches) Land** *Ha ganado el concurso pintando un cuadro de la campaña de la Toscana.*
2. **Kampagne** (s. oben)
3. **Feldzug, Militäraktion(en)** (~ ***militar***) *Al menos veinte personas murieron en aquella campaña militar.*

Kante ***el borde*** (Rand, auch fig.), ***la esquina***, ***el*** ⚠ ***canto*** (Ecke) *Este tráfico caótico me pone al* *borde de un ataque de nervios. La mesa tiene cantos redondeados.*

el canto PFF 1. **Kante** (s. oben)
2. **Singen, Gesang, Lied** *¿De dónde viene este canto de pájaro tan maravilloso?*

Kantine ***la cantina*** *A mí no me gusta la comida de la cantina. Prefiero comer en casa.*

la cantina PFF 1. **Weinkeller** *Por favor, baja a la cantina y sube dos botellas de vino tinto.*
2. **Kantine** (s. oben)
3. **Proviantbehälter, -kiste** *Lo mejor sería poner todas las provisiones para el picnic en esta cantina.*
4. **Wirtshaus, Taverne** (Am.) *Pedro trabaja de camarero en una cantina de Buenos Aires.*

Kapazität 1. ***la capacidad*** (Fassungs-, Leistungsvermögen) *Este cubo de basura tiene una capacidad de 30 litros.*
2. ***el experto / la experta, la eminencia*** (Experte, Könner, Genie) *Este señor es un experto en el campo de la física.*

la capacidad PFF 1. **Kapazität** (Fassungs-, Leistungsvermögen; s. oben)
2. **Eignung, Fähigkeit, Talent** *Estoy seguro de que tienes bastante capacidad para escribir libros.*
3. **Berechtigung, Kompetenz** (~ ***jurídica***) (RECHT) *El jefe de departamento tiene capacidad jurídica para firmar el contrato.*

Kapital ***el capital*** *Puesto que no disponemos de ningún capital propio para comprar la casa, tendremos que pedir un crédito al banco.*

la capital	1. **Hauptstadt** (auch fig.) *Madrid es la capital de España.* 2. **Großbuchstabe** (***la letra ~***) *En alemán los sustantivos comienzan con letra capital.*
Kapitän	***el capitán*** (MARINE, Mannschafts-), ***el comandante*** (Flug-) *Ante la tempestad el capitán del barco decidió cambiar de dirección.*
el capitán PFF	1. **Hauptmann** (MILIT.) *El capitán de la tropa fue condecorado por su comportamiento ejemplar.* 2. **Kapitän** (s. oben) 3. **Oberkellner** (Kuba, Mex.) *Ha ascendido de lavaplatos a capitán de restaurante.*
Kappe	1. ***la gorra*** (Schirmmütze), ***el gorro*** (runde ~) *A ti cualquier tipo de gorra te sienta bien.* auch: ***el gorro de baño*** (**Bade-**) 2. ***la tapa*** (Deckel, Abdeckung) *Esta tapa cae dentro de la olla, es demasiado pequeña.*
la capa	1. **Umhang, (das ⚠) Cape** *El Zorro llevaba una capa de color negro.* 2. **Schicht** (auch fig.), **Belag** *Este adolescente proviene de una capa social inferior. He añadido una capa de chocolate al pastel para que sea un poco más dulce.*
Karotte	***la zanahoria*** *El bebé tiene la piel de color naranja porque come muchas zanahorias.*
la *carrota	Ø
Karriere	***la carrera*** *La brillante carrera de este cantante nos ha asombrado a todos.*

la carrera PFF 1. **(Wett-)Lauf, Rennen** *Mi hermano se ha entrenado intensamente durante las últimas semanas, así que probablemente va a ganar la carrera.*
2. **Weg, Strecke, Fahrt** *Para que un taxista pueda ganar lo suficiente, tiene que hacer como mínimo veinte carreras diarias.*
3. **Studiengang, Studium** *Como me interesa todo lo relacionado con la construcción, he elegido la carrera de arquitectura.*
4. **Karriere** (s. oben)

Karte 1. ***la (tarjeta) postal*** (Post-) *Mi amiga me ha enviado una postal desde Nueva York.*
2. ***la tarjeta*** (Visiten-, Kredit-) *Pablo suele pagar con su tarjeta de crédito.*
3. ***la entrada*** (Eintritts-) *Hay que guardar la entrada hasta el final del espectáculo.*
4. ***la carta*** (Spiel-, Speise-) *Con las cartas que me han tocado es imposible que gane. Espero que haya helado en la carta.*
5. ***el mapa*** (Land-) *Sin mapa nos perderemos.*

la carta PFF 1. **Brief** *Mi hijo escribió su primera carta a los seis años.*
2. **(Spiel-, Speise-)Karte** (s. oben)

Kartell ***el cártel, el cartel*** (Zusammenschluss von Firmen) *Los carteles entre empresas son un buen medio para evitar que compitan entre sí.*

el cartel PFF 1. **(Werbe-)Plakat** (~ ***publicitario***), **Anschlag, Schild, Aushang** *En todas partes han fijado carteles electorales en apoyo a los socialistas.*
2. **Kartell** (s. oben)

Kaserne *el cuartel El soldado salió del cuartel sin autorización.*

*la *caserna* Ø

Kassette 1. ***la cajita*** (Geld-), ***el joyero*** (Schmuck-) *Mi abuela suele guardar todo su dinero en una cajita de metal.*
2. ***la cinta, el/la casete*** (Musik-, Video-) *Desde que existe el DVD el casete está pasando de moda poco a poco.*

el/la casete PFF **(Musik-, Video-)Kassette** (s. oben)

Kaution 1. ***la fianza, la caución*** (RECHT) *Los acusados fueron liberados tras pagar una caución.*
2. ***el depósito, la caución*** (Miet-) *El arrendador nos cobra 2.000 euros de depósito.*

la caución PFF 1. **Kaution** (RECHT; s. oben)
2. **(Miet-)Kaution** (s. oben)
3. **Vorsicht(smaßnahme), Vorsorge** *Ante tal situación uno tiene que actuar con mucha caución.*

Klausur 1. ***el examen (escrito)*** (Prüfung) *Haré el examen de biología en julio.*
2. ***la clausura*** (REL.) *Algunas monjas deciden vivir en clausura.*

la clausura PFF 1. **Klausur** (REL.; s. oben)
2. **Abschluss(veranstaltung)** *El perdedor de las elecciones no asistió a la clausura.*
3. **Schließung, Stilllegung** *El alcalde se declara en contra de la clausura de la piscina municipal.*

Koffer 1. ***la maleta*** *Hay que hacer la maleta para el viaje.*
2. ***el baúl*** (großer Koffer, Reisetruhe) *Si la*

	ropa no cabe en esta maleta tendrás que ponerla en el baúl.
el cofre	**Truhe, Kasten, Kästchen, Schatulle** *Los ladrones descubrieron las joyas en un cofre situado bajo la cama.*

Kollaboration ***el colaboracionismo*** (POL.) (Zusammenarbeit mit dem Feind) *El mariscal Pétain fue acusado de colaboracionismo con los nazis durante la Segunda Guerra Mundial.*

la colaboración **Zusammenarbeit, Mitarbeit, Mitwirkung** *La película ha sido producida en colaboración con un estudio cinematográfico italiano.*

Kollegium ***el cuerpo docente*** (Schule), ***el claustro de profesores*** (Universität), ***el colegio*** (allg. Gruppe von Personen gleichen Berufes) *El cuerpo docente de este instituto se compone de cinco profesoras y diez profesores.*

el colegio PFF 1. **Schule, Kolleg** *Cuando acabe la universidad pasaré un año en Estados Unidos para mejorar el inglés.*
2. **berufsständischer Verband, (Berufs-) Kammer** *Varios colegios de abogados de distintas ciudades se han unido entre sí para defender mejor sus intereses.*
3. **Kollegium** (s. oben)

Kollektion ***la colección*** (Muster-) *Dior presenta hoy en París su colección «Verano 2011».*

la colección PFF 1. **Kollektion** (s. oben)
2. **Sammlung** *Tengo una colección de hipopótamos que incluye a más de 300 ejemplares de todo el mundo.*
3. **(Buch-)Reihe** *Mi amiga desea el tercer tomo de la colección de Harry Potter.*

komisch 1. ***curioso, a, raro, a, extraño, a*** (seltsam, merkwürdig) *Me parece un poco extraño que esta noche no quiera venir con nosotros a la fiesta.*
2. ***cómico, a, divertido, a*** (lustig) *Paula es una chica muy divertida que siempre está sonriendo.*

cómico, a PFF **komisch** (lustig; s. oben)
auch: **Komiker** (***el cómico***)

Kommission ***la comisión*** (Auftrag zur Tätigung eines Geschäftes; Ausschuss) *La galería vende mis cuadros a comisión.*

la comisión PFF 1. **Kommission** (s. oben)
2. **Provision, Vermittlungsgebühr** *Le pagan una comisión de un 4 % por cada cliente que les consiga.*
3. **Verübung, Begehen** (einer Tat, Sünde, eines Fehlers usw.) *La comisión de un error le podría costar su lugar de trabajo.*

Kompass 1. ***la brújula*** (allg.) *Un caminante experto nunca sale sin brújula.*
2. ***el* ⚠ *compás*** (Schifffahrt, Luftfahrt) *Gracias a la invención del compás los viajes por mar se han vuelto mucho más seguros.*

el compás PFF 1. **Zirkel** *Todavía se usa la regla y el compás en la clase de geometría.*
2. **Kompass** (s. oben)
3. **Takt, Rhythmus** *La gente está bailando al compás de la música.*

Kompetenz ***la competencia*** *Eso supera por mucho mi competencia como asistente de dirección.*

la competencia PFF 1. **Wettstreit, Wettbewerb, Konkur-**

renz *La competencia entre estos dos ambiciosos colegas es permanente.*
2. **Kompetenz** (s. oben)

Kompliment ***el cumplido, el piropo*** (ugs.) *Alberto siempre le echa piropos a su vecina.*

el complemento 1. **Ergänzung, Zulage** *A causa de la mala situación económica del país el Estado dejará de pagar el complemento a los profesores.*
2. **Objekt, Ergänzung** (SPRACHW.), **Akkusativobjekt** (~ ***directo***), **Dativobjekt** (~ ***indirecto***) *El verbo «vender» es transitivo y por lo tanto exige un complemento directo.*

Kompromiss ***el acuerdo, el compromiso*** *Los partidos opuestos no llegaron a ningún acuerdo.*

el compromiso PFF 1. **Verpflichtung, Engagement** *Se exige a los empleados un cierto compromiso y sentido de la responsabilidad.*
2. **Versprechen** *Tienes mi compromiso que si gano el premio voy a compartirlo contigo.*
auch: **Verlobung** (~ ***matrimonial***)
3. **Verabredung, Termin** *La semana que viene tenemos tantos compromisos que no sé cuando podremos descansar.*
4. **Kompromiss** (s. oben)
auch: **heikle Lage, Verlegenheit**

(sich) kompromittieren ***comprometer(se)*** (bloßstellen) *Me comprometes diciendo estas cosas delante de mis amigos.*

comprometer(se) PFF 1. **(sich) engagieren/verpflichten** *Todos los alumnos se han comprometido a ayudar a los niños pobres. Los políticos españoles siempre se comprometen con la paz.*
2. **kompromittieren** (s. oben)

3. **(sich) verwickeln** *Su novio se vio comprometido involuntariamente en este asunto.*
3. **sich verloben** *Tras cinco años de vida en común, María y José han decidido comprometerse.*

Kondition 1. ***la disposición, la condición*** (Verfassung, [Gesundheits-]Zustand), ***la forma física*** (SPORT) *Cuando encontraron al perro, el pobre estaba en condiciones pésimas. Su buena forma física le permitió seguir nadando.*
auch: ***no estar en forma*** (**keine ~ haben**)
2. ***la condición*** (Bedingung, Voraussetzung) *Bajo estas condiciones ya no podéis contar conmigo.*

la condición PFF 1. **Beschaffenheit, Art, Natur, Veranlagung** *Ser curioso es propio de la condición humana.*
2. **Stand, Herkunft, Rang** *La Casa Real no aceptaba a la novia por su condición de plebeya. No confío en esta mujer, es de condición dudosa.*
3. **Kondition** (Verfassung; s. oben)
4. **Kondition** (Bedingung; s. oben)

Konditor/in ***el pastelero / la pastelera, el repostero, la repostera*** *Las tartas están hechas por uno de los mejores pasteleros de la ciudad.*

el *conditor / la *conditora Ø

Konditorei ***la pastelería, la repostería*** *En la repostería de mi calle venden todo tipo de pasteles.*

la *conditoria Ø

Konferenz ***la conferencia*** *Los ministros europeos de Economía y Finanzas se reúnen en conferencia hoy en Bruselas.*
auch: ***la conferencia de prensa*** (**Presse-**)

la conferencia PFF 1. **Vortrag** *Los científicos escucharon con atención la conferencia de Gutiérrez sobre sus últimas investigaciones.*
2. **Telefongespräch** (~ ***telefónica***) *Han aclarado el asunto mediante una conferencia telefónica amistosa.*
3. **Konferenz** (s. oben)

---

konferieren ***conferenciar*** (eine Konferenz abhalten), ***deliberar con alg. sobre algo*** (besprechen, beraten) *Los obispos conferenciaron sobre la pérdida de la fe de las sociedades modernas.*
selten auch: ***conferir***

conferir 1. **gewähren** (Frist usw.), **erteilen** (Recht, Befugnis, Lizenz usw.) *El jefe de mi hermana le ha conferido amplios poderes.*
2. **konferieren** (s. oben)

Konfession ***la religión*** *Es católico de nacimiento, pero va a cambiar de religión para poderse casar con su novia musulmana.*

la confesión 1. **Beichte, Sündenbekenntnis** *Lo que se dice en la confesión debería ser secreto.*
2. **Bekenntnis, Geständnis** *Según la confesión del acusado el arma del crimen proviene de la tienda de su amigo.*

Konkurrenz ***la competencia*** *Hay mucha competencia en el sector del automóvil.*

la concurrencia 1. **Gedränge, Andrang, Menschenmenge** *Los claustrofóbicos tienen miedo a todo tipo de concurrencia.*
2. **Publikum** *A fin de cuentas es la concurrencia la que decide el éxito de una obra de teatro.*
3. **Zusammenwirken, -treffen, Übereinstim-**

mung (auch: zufällige ~) *Gracias a la concurrencia de varias circunstancias favorables no sucedió nada peor.*

Konkurs ***el concurso, la quiebra*** *La quiebra de la empresa es debida a una mala gestión.*

el concurso PFF 1. **(zufälliges, gleichzeitiges) Zusammentreffen (verschiedener Umstände)** *Gané el partido por un concurso de circunstancias.*
2. **Teilnahme, Mitarbeit** *El jefe se alegra mucho por el concurso de todo el personal en este proyecto.*
3. **Wettbewerb, Ausschreibung, Preisausschreiben** *Mi abuela ganó un viaje a Londres en un concurso de una revista.*
4. **Konkurs** (s. oben)

Konzept 1. ***el plan*** *Eso no entra en mis planes.*
2. ***el borrador, el esbozo*** (Entwurf) *Mi primo me ha enseñado el borrador de su proyecto.*

el concepto 1. **Begriff** *En «Cien años de soledad» García Márquez juega con el concepto del tiempo de manera muy interesante.*
2. **Auffassung, Vorstellung, Idee** *El estudiante tiene un concepto equivocado de la vida laboral.*

Korrektur ***la corrección*** *Este artículo necesita una buena corrección.*

la *correctura Ø

Kotelett ***la chuleta*** *Mi madre suele empanar las chuletas.*

la *coteleta Ø

Kreatur ***la criatura*** (Geschöpf) *Todos somos criaturas de Dios.*

la criatura PFF 1. **Kind, Säugling** *La joven madre solamente tiene ojos para su criatura.*
2. **Kreatur** (s. oben)

Kredit ***el*** ⚠ ***crẹdito*** (Zahlungsaufschub, Darlehen), ***el préstamo*** (Darlehen) *Intentamos conseguir un crédito para comprar un coche nuevo. El banco les ha concedido el préstamo para la casa.*

el crédito PFF 1. **Kredit** (s. oben)
2. **Ruf, Ansehen** *Los vinos de La Rioja gozan de un gran crédito internacional.*
3. **Glaube, Vertrauen** *No puedo dar crédito a mis ojos, ¡Ana y José son novios!*
4. **Kreditpunkt** (UNIV.) *Me gustaría estudiar Medicina en Alicante, pero cada crédito cuesta 100 euros.*

Krise ***la crisis*** *La separación de sus padres ha causado una gran crisis familiar.*

la crisis PFF 1. **Krise** (s. oben)
2. **Anfall, Zusammenbruch** (MED.) *La mujer está hospitalizada a causa de una crisis nerviosa.*

Kristall ***el cristal*** *Nos regalaron estas copas de cristal para nuestra boda.*

el cristal PFF 1. **Glas** *Tengo que cambiar el cristal roto de las gafas.*
auch: **Fensterscheibe** (~ ***de la ventana***)
2. **Kristall** (s. oben)

---

kurios ***raro, a, extraño, a*** (komisch, sonderbar) *¡Vaya, qué idea más curiosa!*
selten auch: ***curioso, a***

curioso, a 1. **neugierig, wissbegierig** *Su secretaria es tan curiosa que le lee toda su correspondencia privada.*

2. **sauber, reinlich** *A diferencia de mi prima, yo siempre tengo la habitación curiosa y ordenada.*
3. **sorgfältig** *Estoy cansada de decirle que trabaje de una forma más curiosa, separando más las palabras.*
4. **kurios** (s. oben)

Kurs 1. ***el curso*** (SCHULE) *El lunes comenzará el curso de teatro.*
2. ***la cotización*** (Aktien-), ***el cambio*** (Devisen-) *Con el cambio actual del dólar los viajes a Estados Unidos resultan muy baratos.*
3. ***el rumbo*** (Richtung, auch fig.) *Me inquieta el rumbo que está tomando la conversación.*

el curso PFF 1. **Kurs** (SCHULE; s. oben)
2. **(Ab-)Lauf, Verlauf, Gang** *Prometo visitaros en el curso del verano. La enfermedad tiene que seguir su curso, no podemos hacer nada más.*
3. **Lauf, Strömung** *Quien siga el curso del Rin se asombrará de los muchos e impresionantes castillos.*
4. **Umlauf** *En las noticias están explicando cómo reconocer los billetes falsos en curso.*

---

kursieren ***circular*** (in Umlauf sein) (Geld, Gerücht usw.), ***correr*** (Gerücht, Nachricht) *Corre la noticia de que el Papa visitará Portugal en agosto.*

cursar 1. **studieren** (~ ***estudios***) *Antonio está interesado en cursar estudios de medicina.*
2. **aufgeben** (Schreiben), **auf den Weg bringen** (Antrag), **erteilen** (Auftrag, Befehl) *Tengo que ir a Correos a cursar el telegrama. Los clientes pueden cursar la orden por Internet.*

Kutsche	***la carroza*** (geschmückte, feierliche ~), ***la diligencia*** (Post-) *Los ladrones a menudo asaltaban las diligencias.* auch: **Pferdekutsche** (***el coche [de caballos]***)
el coche	1. **Auto, Wagen** *Tenemos que lavar el coche urgentemente.* 2. **Waggon** *A mi me gusta viajar en el último coche del tren.*

L

Labor — ***el laboratorio*** *Este medicamento ha sido probado en el laboratorio.*

la labor — **(Hand-)Arbeit, Feldarbeit** (meistens Pl.), **Werk** *La labor de este periodista consiste en escribir artículos sobre la Casa Real.*

Lama — ***la llama*** *No te acerques más, ya que las llamas normalmente escupen.*

la lama — **Schlamm, Schlick** *A consecuencia del temporal el río lleva mucha lama.*

Lawine — ***la avalancha, el alud*** *El esquiador fue sorprendido por una avalancha de nieve.*

la *lavina — Ø

Lektor/in — 1. ***el lector / la lectora*** (Fremdsprachen- an der Universität) *Han concedido una plaza fija a la lectora de griego de la Universidad de Navarra.*

2. ***el editor / la editora*** (im Verlag) *El editor jefe de la editorial Navarrete me ha aceptado el manuscrito.*

el lector / la lectora PFF — 1. **Leser(in), Vorleser(in)** *Los lectores están decepcionados porque esta revista ilustrada va a desaparecer.*

2. **Lektor/in** (s. oben)

Lexikon — 1. ***el diccionario enciclopédico, la enciclopedia*** (Nachschlagewerk) *Si quieres saber más sobre este acontecimiento histórico, consulta la enciclopedia.*

2. ***el diccionario*** (Wörterbuch) *No encuen-*

	tro en el diccionario la palabra que estoy buscando.
el léxico	**Wortschatz** *El léxico de un niño de cinco años es relativamente limitado. El léxico español está formado básicamente por palabras que proceden del latín.*

Limone	***la lima*** (Limette) *La lima combina bien con el pollo frito.*
el limón	**Zitrone** *El refresco de limón siempre viene bien con este calor.*

Lineal	***la regla*** *Es imposible hacer una línea tan recta sin una regla.*
el *lineal	Ø

---

listig	***astuto, a, sagaz, ladino, a*** *Ganó el juego gracias a una táctica muy astuta.*
listo, a	1. **klug** *Luisa es una alumna muy lista que comprende en seguida lo que el profesor le explica.* 2. **fertig, bereit** *Ya estamos listos para ir al concierto.*

Lokalität	***el local, el sitio, el lugar*** *Todavía está buscando un local conveniente para su nuevo comercio.*
la localidad	1. **Ort(schaft), Dorf** *El futbolista proviene de una pequeña localidad de montaña.* 2. **(Sitz-)Platz** (bei einer Veranstaltung) *Sólo quedan 150 localidades que se venden por Internet.* auch: **Stehplatz** (**~ *de pie***) 3. **Eintrittskarte** *Le regalaron una localidad para ver el partido entre el Real Madrid y el Inter de Milán.*

luxuriös	***lujoso, a*** *Viven en una lujosa villa con piscina y parque propio.*
lujurioso, a	**unzüchtig, lüstern, zügellos** *Esta estrella de cine toma drogas y lleva una vida lujuriosa.*

M

Magazin 1. ***el depósito, el almacén*** (Lager) *El depósito de la fábrica está lleno de objetos que ya no sirven para nada.*
2. ***la revista ilustrada*** (Zeitschrift) *Vamos a abonar a Ana a su revista ilustrada preferida.*

el *magacín Ø

Magistrat 1. ***la administración municipal*** (städtische Verwaltungsbehörde, Stadtverwaltung) *La administración municipal debe actuar con el fin de servir al ciudadano.*
2. ***la autoridad pública*** (Obrigkeit) *No es oportuno oponerse a la autoridad pública.*

el magistrado / la magistrada **Justizbeamter/Justizbeamtin, Richter/in** *Su padre es magistrado del Tribunal Supremo.*

Manko 1. ***el defecto*** (Mangel, Unzulänglichkeit) *Su defecto es que no habla ningún idioma extranjero.*
2. ***el déficit*** (WIRTSCH., Fehlbetrag) *Cerraron con un déficit de un millón de euros.*

el manco / la manca **Einarmige/r** *«Manco» se dice de una persona que ha perdido un brazo.*

Manifestation ***la manifestación*** (Bekundung, Kundgebung) *La manifestación de su última voluntad se encuentra en este testamento.*

la manifestación PFF 1. **Manifestation** (s. oben)
2. **Demonstration** (POL.) *La nueva ley ha provocado manifestaciones en todo el país.*

Mantel	***el abrigo*** *Me he puesto el abrigo porque tengo mucho frío.*
el mantel	**Tischdecke, -tuch** *Este mantel tiene manchas, hay que cambiarlo.*
Mappe	***la carpeta, el portafolios*** (für Unterlagen, Papiere) *Le voy a llevar la carpeta a la oficina.*
el mapa	**(Land-)Karte, Stadtplan** *Busca el nombre de la calle en el mapa.*
(sich) maskieren	***enmascarar(se)*** (mit einer Maske), ***disfrazar(se) de*** (sich verkleiden als) *El atracador de bancos iba enmascarado.*
mascar	**kauen** *El pobre perro tiene tanta hambre que traga la comida sin mascar.* auch: **Kaugummi** (***la goma de ~***)
Masse	***la masa*** (allg. große Menge, dickflüssiger Stoff; PHYS., ELEKTR.), ***la (gran) cantidad, la muchedumbre*** (Menschenmenge) *Los catalanes acudieron en masa a la votación del nuevo Estatuto.* auch (ugs.): ***un montón de*** (**eine Masse [an] / eine Menge [von]**)
la masa PFF	1. **Masse** (s. oben) 2. **Teig, Paste** *Ahora hay que añadir la leche a la masa.*
massiv	1. ***macizo, a*** (z.B. Holz) *El armario es de madera maciza.* 2. ***sólido, a*** (stabil, fest) *La mesa es tan sólida que no se rompe nunca.* 3. ***masivo, a*** (fig.) (Druck, Kritik, Betrug usw.) *Detectaron un engaño masivo en las elecciones de este país.*
masivo, a PFF	**massiv** (fig.; s. oben)

Meister/in ***el maestro / la maestra*** (im Handwerk; auch fig. im Sinne von ›Könner‹), ***el campeón / la campeona*** (SPORT) *Miguel acaba de terminar su formación de maestro carnicero.*

el maestro / la maestra PFF 1. **Meister/in** (s. oben) auch: **Vorarbeiter, Chef** (~ ***de cocina***)
2. **(Grundschul-)Lehrer/in** *Mi hermana trabaja de maestra en la escuela de nuestro pueblo.*

Melone 1. ***el (sombrero) hongo, el bombín*** (Hut) (ugs.) *Mi abuelo solía pasearse con un bombín enorme.*
2. ***el*** ⚠ ***melón*** (Frucht), ***la sandía*** (Wasser-) *En verano me gusta comer sandía porque es muy refrescante.*

el melón PFF 1. **Melone** (s. oben)
2. **Kopf, ‚Birne', ‚Rübe'** (ugs.) *¡Ayer olvidé ponerme crema en el melón y ahora está rojo como un tomate!*
3. **Dummkopf** (ugs.) *Al ladrón se le cayó el DNI en la casa donde robó, ¡qué melón!*

Mensa ***el comedor universitario*** *A mi hijo no le gusta la comida del comedor universitario.*

la *mensa Ø

Miene ***la cara*** (*poner buena/mala cara*), ***el gesto, el aspecto*** *El profesor le ha devuelto el cuaderno con cara muy sonriente.*

la mina 1. **Mine, Bergwerk** *Trabajar en una mina es muy duro.*
2. **Goldgrube** (fig.) *Esta empresa es una mina, no paran de aumentar los beneficios.*

Milliarde ***mil millones, el*** ⚠ ***millardo*** *Esta catástrofe natural le ha costado mil millones de dólares al Estado.*

el millar **Tausend** *Un millar de personas protestan hoy contra el asesinato de tres activistas de la paz.*

---

mimen 1. ***fingir*** (vortäuschen, so tun als ob) *Finge estar enfermo para no tener que ayudarnos.*
2. ***imitar*** (nachahmen) *Los bebés aprenden a hablar imitando los sonidos de un adulto.*

mimar 1. **verwöhnen, verhätscheln** *Es increíble como estos abuelos miman a su nieto.*
2. **bevorzugen, vorziehen** *El entrenador mima a los jugadores más experimentados.*

Misere ***la miseria*** (Elend, Not) *Es una gran miseria ver a los enfermos y no poder ayudarles.*

la miseria PFF 1. **Misere** (s. oben)
2. **Kleinigkeit, geringe Menge** (ugs.) *Esto que me das es una miseria, necesito más.*

---

mobil 1. ⚠ ***móvil*** (beweglich, verschiebbar) *La pizarra móvil se puede bajar y subir.*
2. ***alegre*** (munter), ***vivo, a*** (lebhaft, aufgeweckt) *Tengo dos hijos muy vivos.*
3. ***listo, a para el combate*** (einsatzbereit) (MILIT.) *Las tropas están listas para el combate.*

móvil PFF **mobil** (s. oben)

---

modisch ***a la moda, de moda, moderno, a*** *Su mujer siempre se viste muy a la moda.*

módico, a **gering** (Menge), **niedrig, mäßig, erschwinglich** (Preis) *Manifesta un módico interés por nuestro plan. Me vende el reloj por un módico precio.*

Monitor *el* ⚠ ***monitor, la pantalla*** (Bildschirm) *Necesitas una pantalla más grande sino no podrás leer todos los detalles.*

el monitor / la monitora PFF 1. **Monitor** (s. oben)
2. **Lehrer einer Sportart** (~ ***de natación***, ~ ***de tenis***, ~ ***de esquí*** usw.) *Mi monitor de natación quiere que participe en el campeonato de este año.*
3. **Gruppenleiter/in, Betreuer/in** (z. B. in einem Ferienlager) *En el centro de vacaciones sólo aceptan a los monitores mayores de 18 años.*

Montur 1. ***el atuendo, el equipo*** ([Arbeits-]Kleidung) *Según el reglamento los trabajadores sólo pueden entrar a la fábrica si llevan todo su equipo.*
2. ***el uniforme*** (MILIT.) *Los soldados asisten a los funerales vestidos con su uniforme.*

la montura 1. **Reittier** *Este camello le sirve de montura.*
2. **Reitgeschirr** *Es difícil ir a caballo sin montura.*
3. **Fassung, Gestell** (Brillen-) *La montura de mis gafas es tan frágil que ya se me ha roto dos veces.*

Moral 1. ***la moral*** (SITTENLEHRE) *Siempre dice que los jóvenes de hoy en día ya no tienen moral.*
2. ***la moraleja*** (einer Fabel/Erzählung) *La moraleja del cuento me ha dejado muy pensativa.*

la moral PFF 1. **Moral** (SITTENLEHRE; s. oben)
2. **Mut, Zuversicht, seelische Kraft** *Ya no tiene la moral suficiente para protestar contra los críticos.*

Motto	***el lema*** *No estoy de acuerdo con el lema de que el cliente siempre tiene la razón.*
la moto	**Motorrad** (Kurzform von *la motocicleta*) *Antes de comprarse un coche tenía una moto.*

N

naiv	***ingenuo, a, cándido, a*** *¡Qué ingenuo es pensar que todos los hombres son iguales! Si sigues tan cándido, tus hijos van a hacer contigo lo que quieran.*
****naivo, a***	Ø
Note	***la nota*** (SCHULE, MUSIK) *La niña ya sabe leer las notas.* auch (fig.): ***el toque/estilo personal*** (**persönliche Note**)
la nota PFF	1. **Notiz, Vermerk, Fußnote, Anmerkung** *Te dejamos una nota en la que te decíamos dónde quedamos.* (***tomar notas:*** **sich Notizen machen**) 2. **Rechnung** *Por favor, traiga la nota.* 3. **Note** (s. oben) 4. **Typ, Kerl** (ugs.) *El nota de Carlos no me gusta para nada, siempre tiene que llamar la atención.*
notieren	1. ***apuntar, (a)notar*** *Mejor me apunto tu número sino lo olvidaré.* 2. ***cotizar*** (FIN.) *Le interesan los precios de las acciones que cotizan en la Bolsa española.*
notar PFF	1. **notieren** (s. oben) 2. **bemerken, wahrnehmen, spüren** *Se nota que la gente ya está harta de la política de este Gobierno.*
Notiz	***el apunte, la nota, la anotación*** *Si quieres te dejo mis apuntes de la clase de matemáticas que te perdiste.*

	auch: ***noticia*** (**Zeitungs-**); ***tomar nota / hacer caso de algo*** (**von etwas Notiz nehmen**)
la noticia	**Nachricht, Neuigkeit** *¿Qué buenas noticias me traes?* im Pl. auch: **Nachrichten(sendung)**
Novelle	***la novela corta, el cuento*** *La famosa novela corta «Aura» de Carlos Fuentes fue publicada en México en 1962.*
la novela	**Roman** *A mí me encantan las novelas románticas.* auch: **Krimi** (***~ policíaca***)
Nummer	***el*** ⚠ ***número*** (allg. und Schuhgröße, Telefonnummer usw.), ***la talla*** (Kleidergröße) *Vivimos en la calle Marina número 5. Parece que necesita una talla más de este traje.*
el número PFF	1. **Nummer** (s. oben) 2. **(An-)Zahl, Menge** *Un gran número de fans fueron ayer al aeropuerto para dar la bienvenida a su ídolo.* 3. **Numerus** (SPRACHW.) *El sustantivo y el adjetivo deben coincidir en género y número.*

O

Objektiv *el objetivo* (FOTOGR.) *Sólo tengo un objetivo estándar para mi cámara.*

el objetivo PFF 1. **Absicht, Ziel, Zweck** *Se desconoce el objetivo de su acción.*
2. **Objektiv** (s. oben)

Observation *la observación* (polizeiliche Überwachung, [wissenschaftliche] Beobachtung) *Mediante la observación se pueden desarrollar nuevas terápias.*

la observación PFF 1. **Observation** (s. oben)
2. **Beobachtung** (MED.) *La paciente está en observación.*
3. **Wahrnehmung** *Tiene un don especial para la observación, no se le escapa nada.*
4. **Bemerkung, Kommentar** *Hizo una observación crítica a nuestra propuesta.*
5. **Beachtung, Einhaltung, Befolgung** (Regel, Frist usw.) *Para poder participar es indispensable la observación de las normas.*

---

offensiv *ofensivo, a* *Este equipo suele jugar de manera muy ofensiva.*

ofensivo, a PFF 1. **offensiv** (s. oben)
2. **beleidigend** *Fue excluido de la reunión por sus palabras ofensivas.*

Olive *la aceituna, la oliva* *Yo, personalmente, prefiero las aceitunas negras. En España normalmente la ensalada se aliña con aceite de oliva.*

el olivo **Olivenbaum, Ölbaum** *Los olivos son árboles sensibles al frío que crecen en los países mediterráneos.*

Omelett — ***la tortilla*** *Su abuela hace la mejor tortilla de todo el pueblo.*

*la *omeleta* — Ø

Operation — ***la operación*** (MED., EDV usw.) *Gracias a su operación de ojos puede ver perfectamente.*
auch: ***la operación fundamental*** (**Grundrechenart**)

la operación PFF — 1. **Tätigkeit, Vorgang** (allg.) *Lograr las pruebas en contra de su jefe fue una operación muy delicada.*
2. **Operation** (s. oben)
3. **Geschäft, Abschluss** *En esta operación sólo se puede perder dinero.*

---

operativ — 1. ***operatorio, a, quirúrgico, a*** (MED.) *La intervención quirúrgica le salvó la vida.*
2. ***operativo, a*** (strategisch, weitschauend und planvoll tätig) *La Dirección salvó la compañia aplicando algunas medidas operativas.*

operativo, a PFF — 1. **gültig** (Regel, Gesetz usw.) *La nueva ley de cierre de los comercios ya es operativa.*
2. **wirksam** *El médico todavía no ha encontrado un remedio operativo para aliviar las molestias del paciente.*
3. **operativ** (strategisch; s. oben)
auch: **einsatzbereit** (MILIT.)

---

oral — ***oral*** (ANAT., MED.) *Es un medicamento que se toma por vía oral.*

oral PFF — 1. **mündlich** (Prüfung, Überlieferung) *Se está preparando para su examen oral de matemáticas.*
2. **oral** (s. oben)

Orden	1. ***la condecoración*** (Ehrenzeichen) *Hoy, en una ceremonia, ha recibido una condecoración por su lucha continua por la paz.* 2. ***la*** ⚠ ***orden*** (Ordensgemeinschaft)
el orden	1. **Ordnung** *Hoy he decidido poner en orden todos mis papeles. ¡Ya no encuentro nada!* 2. **Reihenfolge; Rang(ordnung)** *El autor no ha presentado los hechos históricos por orden cronológico.* 3. **System** *El nuevo jefe del Gobierno anuncia que modernizará el orden político y social del país.*
la orden PFF	1. **Befehl** *Los soldados están esperando la orden del general para atacar al enemigo.* 2. **Bestellung, Auftrag, Order** *Lamentamos anunciarle que por problemas de suministro no podemos ejecutar la orden dentro del plazo señalado.* 3. **Orden** (Ordensgemeinschaft; s. oben)
ordinär	1. ***vulgar, ordinario, a, grosero, a*** (unfein, unanständig) *No quiero que digas palabras tan groseras.* 2. ***corriente, ordinario, a*** (gewöhnlich, alltäglich) *Aunque sea tan famoso se comporta como una persona muy corriente.*
ordinario, a PFF	1. **ordinär** (unfein; s. oben) 2. **ordinär** (gewöhnlich; s. oben) 3. **ordentlich** (RECHT) *El prisionero será juzgado por un tribunal ordinario.*
Organ	1. ***el*** ⚠ ***órgano*** (ANAT. und fig.) *Son cada vez más las personas que deciden dar sus órganos.* 2. ***la voz*** (Stimme) (ugs.) *Su jefe tiene una voz fuerte.*

el órgano PFF 1. **Organ** (s. oben)
2. **Orgel** *El próximo domingo van a inaugurar el nuevo órgano de la iglesia.*

Organismus ***el organismo*** *El organismo del cuerpo humano es muy complicado.*

el organismo PFF 1. **Organismus** (s. oben)
2. **Einrichtung, Institution, Organisation** *El Goethe-Intsitut es un organismo cuyo objetivo principal es la promoción y el cuidado de la cultura y lengua alemana en el extranjero.*

---

original 1. ***original*** (ursprünglich, Original…) *Necesito que me des la llave original para hacer una copia.*
2. ***auténtico, a*** (echt) *Mis padres han comprado un reloj de cuco auténtico en su viaje por Alemania.*

original PFF 1. **original** (s. oben)
2. **originell, neuartig** *Este artista siempre tiene ideas muy originales.*
3. **eigentümlich, sonderbar** *Mi tío es un hombre bastante original.*

Orthographie ***la ortografía*** (Rechtschreibung) *Ana domina la ortografía.*

la ortografía PFF 1. **Schreibweise, Schreibung** *No conozco la ortografía de esta palabra extranjera.*
2. **Orthographie** (s. oben)

Osten ***el Este, el Oriente*** *El Sol sale por el Este y se pone por el Oeste.*

el oeste **Westen** *Anuncian para hoy un fuerte viento del oeste.*

P

Paar	1. ***la pareja*** (Mann und Frau) *La joven pareja irá a Roma para su viaje de bodas.* 2. ***un/el par de*** (zwei zusammengehörende Dinge) *Me ha regalado un par de guantes muy bonitos.*
el paro	1. **Stehenbleiben, Anhalten, Stillstand** *El paro de las máquinas por falta de materia prima costará mucho dinero a la empresa.* 2. **Arbeitslosigkeit** *Lleva ya un año entero en paro.* 3. **Meise** *El paro es un pequeño pájaro cantor.*

Palme	***la palmera*** *Esta playa es una maravilla: hay palmeras y la arena es muy fina y casi blanca.* selten auch: ***la palma***
la palma	1. **Handfläche** *Dice que puede predecir el futuro leyendo la palma de mi mano.* 2. **Palme** (s. oben)

Papa	***(el) papá/papa*** (ugs.) auch: **Weihnachtsmann** (***el papá Noel***)
el papa PFF	1. **Papst** (als Titel großgeschrieben) *El Papa Benedicto XVI es de nacionalidad alemana.* 2. **Papa** (s. oben)
la papa	**Kartoffel** (Am.) *En América del Sur se hacen muchos platos con papas dulces.* auch (ugs.): **nur Bahnhof verstehen** (***no entender ni papa***)

Paprika	***el pimiento*** (Schote), ***el pimentón*** (Gewürz) *Intento cultivar pimientos verdes en mi balcón.*
la *páprica	Ø

Parade ***la parada*** (MILIT.), ***el desfile*** (allg.) *Hoy, en la tele, retransmiten en directo la gran parada militar en honor al nuevo presidente.*

la parada PFF 1. **Haltestelle** *La próxima parada de autobús está a 200 metros.*
2. **Anhalten, Stehenbleiben, Stillstand** *Tras una parada de 15 minutos el tren se volvió a poner en marcha.*
3. **Parade** (s. oben)

Pass 1. ***el pasaporte*** (Reise-) *Tengo que ir a la comisaría a renovar mi pasaporte.*
2. ***el pase*** (Zuspiel) *Gracias a un pase perfecto Messi logró el primer gol del partido.*
3. ***el paso, el puerto*** (Gebirgs-) *Después de tres días duros de alpinismo el grupo de montañeros está a punto de llegar al paso.*

el paso PFF 1. **Schritt, Gang(art)** *Como tenía miedo el chico avivó el paso.*
2. **Vorbeifahren, Vorbeiziehen, Hinübergehen** *Desde este parque se observa de forma espectacular el paso de las cigüeñas de camino a África.*
3. **Durchgang, Übergang, Passage** *Para evitar más accidentes van a construir un paso subterráneo en esta zona.*
auch: **Zebrastreifen (*el paso de cebra*)**
4. **Fußabdruck, Spur** *Gracias a los pasos en el suelo la policía logró identificar el autor del delito.*
5. **Gebirgspass** (s. oben)

Passant ***el transeúnte*** *Al parecer, un transeúnte descubrió ayer el cuerpo cerca de un campo de deportes.*

el/la pasante **Praktikant/in, Assistent/in, Referendar/in**

(beim Anwalt) *Este año el bufete de abogados empleará a dos pasantes extranjeros.*

---

passen 1. ***caber*** (hinein-, Platz haben) *La maleta está tan llena que no cabe ni una cosita más.*
2. ***pegar con*** (ugs.), ***cuadrar con*** (zu etwas passen) *Este jersey pega perfectamente con tu falda.*
auch: **zueinander passen** (***hacer buena pareja***)
3. ***sentar/quedar bien*** (der Größe nach passen) *Estos zapatos no me quedan bien, son demasiado pequeños.*
4. ***convenir a alg., venir bien a alg.*** (jdm. recht/genehm sein) *¿Te viene bien quedar el domingo por la tarde?*
auch: ***pasar*** (**aufgeben**), ***pasar la pelota*** (**den Ball ~**)

pasar PFF 1. **überqueren, durchfahren, hinübergehen** *Ten cuidado al pasar la calle, hay mucho tráfico.*
2. **jdm. etwas übergeben, reichen** *Pásame el pan, por favor.*
3. **geschehen, sich ereignen** *¿Qué pasa?, ¿por qué estás llorando?*
auch: vergehen (Zeit)
4. **verbringen, verleben** *Nos gustaría pasar las vacaciones en Alemania.*
auch: **Hunger leiden** (**~ *hambre***), **frieren** (**~ *frío***), **gelten, durchgehen als** (**~ *por***), **eine Prüfung bestehen** (**~ *un examen***), bei jdm. vorbeikommen (**~ *por casa de alg.***)
5. **passen** (aufgeben; s. oben)

Paste ***la pasta*** *Mi hijo siempre se traga la pasta dentífrica.*

la pasta PFF 1. **Paste** (s. oben)
2. **Teig, Masse, Brei** *Estos ingredientes se colocan sobre una pasta hecha a base de trigo.*
auch: **Nudeln** (***las pastas [alimenticias]***)
3. **Geld** (ugs.) *Como no tengo pasta, no podré irme de pubs con mis colegas.*

Pastell ***color pastel, pintura al pastel*** *Las casas antiguas se pintan frecuentemente de colores pastel.*

el pastel PFF 1. **Kuchen, (kleine) Torte** *Esta pastelería hace los mejores pasteles de toda la ciudad.*
2. **Pastete** (Fisch-, Fleisch- usw.) *Enrique es un aficionado a los pasteles de pescado.*
3. **Pastell** (s. oben)

Pastete ***el pastel, la empanada*** *El pastel de pescado es un plato español que se puede comer tanto frío como caliente.*

la *pasteta Ø

Pastille ***la pastilla*** (Tablette) *¿Existe este medicamento en forma de pastilla?*

la pastilla PFF 1. **Pastille** (s. oben)
2. **Tafel, Stück** *Se come toda la pastilla de chocolate él solo. Por favor, pon una pastilla de jabón en el cuarto de baño.*

Pastor ***el pastor*** (meistens protestantisch), ***el cura*** (katholisch) *Trabaja como pastor en un pueblo del sur.*

el pastor PFF 1. **Hirte, Schäfer** *Desde hace generaciones, todos los hombres de esta familia se ganan la vida como pastor.*
auch: **Schäferhund** (***el [perro] pastor***)
2. **Pastor** (s. oben)

---

patent — ***práctico, a, excelente, estupendo, a*** (praktisch), ***versado, a*** (erfahren) *Mi colega ha hecho una proposición excelente. El señor López es versado en lenguas eslabas.*

patente — **offen(sichtlich), klar, deutlich** *Lo sucedido deja patente la enorme violencia que existe en este barrio.*

Patrone — ***el cartucho*** (allg., MILIT.) *El cliente puede devolver los cartuchos de tinta y tóner vacíos para reciclarlos.*

el patrón / la patrona — 1. **Beschützer/in, Schutzheilige/r, (Schutz-)Patron/in** *El 22 de enero, los valencianos celebran el día de su patrón, San Vicente Mártir.*
2. **Hauswirt/in, Vermieter/in** *Tenemos que consultar con el patrón si podemos hacer una fiesta en el jardín.*
3. **Arbeitgeber/in, Chef/in** *El patrón está muy contento con el trabajo del nuevo ingeniero.*
4. **Vorlage, (Schnitt-)Muster, Modell** *Sin un patrón no te puedo hacer el vestido para tu hija.*

Pension — 1. ***la pensión*** (Ruhegehalt) *La pensión de mi abuelo es tan pequeña que ni siquiera se puede permitir un viajecito.*
2. ***la jubilación*** (Ruhestand) *He solicitado la jubilación anticipada para pasar más tiempo con mis nietos.*
3. ***la pensión*** (Herberge) *Te puedo recomendar la pensión en la que estuvimos alojados.*
auch: ***media pensión*** (**Halbpension**), ***pensión completa*** (**Vollpension**)

la pensión PFF — 1. **Pension** (Ruhegehalt; s. oben)

2. **Pension** (Herberge; s. oben)
3. **Stipendium** *A mi hermana le han concedido una pensión para un año de estudios en Francia.*
4. **Kummer, Leid** (Am.) *Mi vecina se murió de pura pensión después de saber que su hijo jamás regresaría.*

Pharmazie ***la* ⚠ *farmacia*** (als Wissenschaft) *Decidí estudiar farmacia para encontrar un remedio que curara a mi abuela.*

la farmacia PFF 1. **Apotheke** *Mi amiga trabaja en una farmacia en el centro de Madrid.*
2. **Pharmazie** (s. oben)

Phosphor ***el fósforo*** *El fósforo blanco es bueno para la salud.*

el fósforo PFF 1. **Streichholz** (bes. Am.) *Yo siempre enciendo el cigarillo con un fósforo.*
2. **Phosphor** (s. oben)

Phrase ***el cliché, el tópico, la frase vacía*** (meistens Pl., fig.) (leeres Geschwätz) *Mi tío es especialista en decir frases vacías, habla, habla, habla pero no dice nada.*

la frase 1. **Satz** *Me asombra que tras pocos meses en la escuela los niños ya puedan escribir frases enteras.*
2. **Ausspruch, Wendung** (~ ***hecha***) *Es importante que los niños aprendan las frases hechas para que no desaparezcan de nuestro patrimonio lingüístico.*

Physiker/in ***el físico / la física*** *La denominación «Fahrenheit» tiene su origen en el físico alemán del mismo apellido.*

el físico PFF 1. **Physis, Körperbau** *Debido a su fuerte físi-*

	co le han propuesto un empleo como guardia de seguridad. 2. **Äußeres, Aussehen** *Ha heredado el atractivo físico de su madre.* 3. **Physiker** (s. oben)
Pilot/in	***el/la piloto*** *Muchos chicos sueñan con ser piloto algún día.*
el piloto PFF	1. **Pilot** (s. oben) 2. **Steuermann, (See-)Lotse, zweiter Offizier** *El piloto dio la orden de atacar.* 3. **Fahrer** (**Fahrerin: *la piloto***) *Los nuevos vehículos son probados por pilotos profesionales.* 4. **Kontrollleuchte** *De repente se encendió el piloto.*
pissen	***orinar, mear*** (ugs.) *Se ruega orinar sentado.*
pisar	**(be)treten** *¡Prohibido pisar el césped!*
Plan	1. ***la intención*** (Absicht), ***el propósito, el plan*** (Vorhaben) *No me ha informado sobre sus intenciones.* 2. ***el plano*** (Stadt-) *Mira el plano, a ver si localizas esta calle.* 3. ***el esbozo, el boceto, el plan(o)*** (Entwurf, Konzept) *Según el esbozo del arquitecto será una villa impresionante.*
el plan PFF	1. Plan (Vorhaben; s. oben) 2. Plan (Entwurf; s. oben) 3. **Liebesaffäre, Liebschaft** (ugs.) *Nadie debe saber que los dos tienen un plan.*
Plastik	1. ***el plástico*** (Kunststoff) *El plástico es un material bastante resistente.* 2. ***la escultura*** (Werk eines Bildhauers, Skulptur) *Las esculturas de Picasso son inpagables.*

3. ***la plástica*** (Bildhauerkunst) *Miguel Ángel era un verdadero maestro de la plástica.*

la plástica PFF **Plastik** (Bildhauerkunst; s. oben)

el plástico PFF **Plastik** (Kunststoff; s. oben)

Platane ***el ⚠ plátano*** *El plátano se reconoce por su tronco de varios colores.*

el plátano PFF 1. **Banane** *Al mono le encanta el plátano.*
2. **Platane** (s. oben)

Platte 1. ***la placa*** (Glas-, Metall-), ***la tabla*** (Holz-), ***la losa*** (Stein-) *Han embaldosado la terraza con bellas losas.*
2. ***el disco*** (Schall-) *Hoy en día ya no se compran discos sino CD.*

la plata 1. **Silber** *A mí me gusta más la plata que el oro.*
2. **Geld** (Am.) *Todavía le falta plata para comprarse un nuevo ordenador.*

Pleite 1. ***la quiebra*** (Bankrott) *Desde la quiebra de su empresa está buscando trabajo.*
2. ***el fracaso, el chasco*** (Misserfolg, Reinfall) *La obra de teatro fue un fracaso total.*

el pleito 1. **Rechtsstreit, Prozess** *Nuestro vecino ha ganado el pleito, así que a partir de ahora sólo podemos hacer una barbacoa cada dos semanas.*
2. **Zank, Streit, Auseinandersetzung** *Desconozco el motivo de su pleito.*

Police ***la póliza (del seguro)*** (Versicherungsurkunde) *Es muy importante que guardes bien la póliza del seguro.*

la policía **Polizei** *La policía ha identificado al autor de este nuevo crimen en Murcia.*
auch: **Polizist/in** (***el/la policía***)

---

politisch — **político, a** *El presidente ha puesto como condición liberar a todos los presos políticos.*

político, a PFF — 1. **politisch** (s. oben)
2. **Schwieger…, Schwager/Schwägerin** (***la hermana política, el hijo político*** usw.; nur durch Heirat verwandt, keine Blutsverwandtschaft) *Afortunadamente me entiendo muy bien con mi familia política.*

Porträt — ***el retrato*** *Los alumnos están admirando el famoso retrato de La Mona Lisa en el museo del Louvre.*

el *portrato — Ø

Post — 1. ***(los) Correos*** (Unternehmen), ***(la oficina de) Correos*** (Postamt, -filiale) *Voy rápido a Correos a tirar la carta.*
2. ***el correo*** (Sendung) *Lo primero que suele hacer su secretaria por la mañana es mirar el correo.*

el poste — **Pfosten, Pfeiler, Mast** *El caballo está atado al poste.*

Potenz — 1. ***la facultad procreadora*** (MED.) *Debido al cáncer ha perdido su facultad procreadora.*
2. ***la potencia*** (MATH.) *Las potencias se calculan multiplicando una o varias veces un número por sí mismo.*

la potencia PFF — 1. **Kraft, Leistung(sfähigkeit), Stärke** *La potencia es la velocidad con que trabaja el motor.*
2. **Macht** *Estados Unidos es considerado una potencia mundial.*
3. **Potenz** (MATH.; s. oben)

Präfix — ***el prefijo*** (Vorsilbe) *El prefijo «un» en alemán sirve para formar el significado contrario de la palabra base.*

el prefijo PFF — 1. **Vorwahl(nummer)** *El prefijo de Colonia es el 0221.*
2. **Präfix** (s. oben)

---

prägnant — ***conciso, a*** *Admiro el estilo y las frases simples y concisas de este escritor.*

****pregnante*** — Ø

Prägnanz — ***la concisión*** *Me ha asombrado la concisión con que ha expuesto sus argumentos.*

la *pregnancia — Ø

Praktikum — ***las prácticas*** (Pl. im Span.) *Mi hija acaba de empezar las prácticas en una editorial de revistas.*

el práctico — 1. **Lotse** *Los prácticos acompañaron el barco al puerto.*
2. **Praktiker** *Mi marido es un buen práctico que no sabe nada de las teorías.*

Präsidium — ***la presidencia*** (Leitung, Vorsitz), ***la Mesa*** (***presidencial***) (leitendes Gremium) (POL.) *Mi antiguo colega ha tomado posesión de la presidencia del club.*

el presidio — **Gefängnis, Strafanstalt** *Ayer en el presidio tuvo lugar un cruel asesinato.*
Le han condenado a 100 días de presidio por haber robado una joyería.

---

präzise — ***preciso, a, exacto, a*** *Este termómetro indica la temperatura exacta.*

preciso, a PFF — 1. **notwendig, nötig** *Es preciso tomar una decisión.*
2. **präzise** (s. oben)

---

präzisieren *precisar, detallar* Intenta precisar tu estrategia, por favor.

precisar PFF 1. **brauchen, benötigen** *El recién nacido precisa una operación de corazón.*
2. **präzisieren** (s. oben)

Presse 1. *la prensa* (auch TECH.) *La prensa no para de hablar del escándalo en la Casa Real.*
2. *el exprimidor* (Saftpresse) *Con un exprimidor se puede extraer el zumo de las naranjas.*

la presa 1. **Beute, Fang** *Los cazadores cada vez capturan menos presas.*
2. **Gefangene** (**Gefangener:** ***el preso***) *Una presa se ha fugado de la cárcel de Pamplona.*
3. **Stausee, Talsperre** *Esta presa sirve de depósito de agua potable.*

---

primitiv 1. ***primitivo, a*** (ursprünglich, urtümlich, unentwickelt) (Kultur, Volk usw.) *Las pinturas que los hombres primitivos realizaron en las cuevas recientemente descubiertas dan una idea de su cultura.*
2. ***provisional, rudimentario, a, primitivo, a*** ([not]dürftig, behelfsmäßig) *La mayoría de las familias sigue viviendo en cabañas de madera provisionales.*

primitivo, a PFF **primitiv** (s. oben)

Primus ***el primero de la clase*** *El primero de la clase es raramente aceptado por sus compañeros.*

el primo / la prima **Cousin/e** *El primo es el hijo del hermano o de la hermana del padre o de la madre.*

Prinzip 1. ***el principio*** *No come carne por principios.*

2. ***el esquema, el modelo*** (Gesetzmäßigkeit, Schema) *Nuestras discusiones siempre se desarrollan por el mismo esquema.*

el principio PFF 1. **Anfang, Beginn, Ursprung** *Al principio Dios creó el cielo y la tierra* (Génesis 1,1).
2. **Ursache, Grund** *Los científicos todavía desconocen el principio exacto de este fenómeno natural.*
3. **Prinzip** (s. oben)

Prise ***la pizca, el pellizco*** *A la sopa le falta un pellizco de sal y una pizca de pimienta.*

la prisa **Eile** *Por favor, ¿me deja pasar que tengo mucha prisa? Si no te das prisa vas a perder el tren.*

Professor/in ***el catedrático / la catedrática, el ⚠ profesor / la profesora*** *El catedrático de derecho ha decidido dividir la clase en grupos de cuatro.*
Los profesores de la Universidad de Valladolid tienen buena reputación.

el profesor / la profesora PFF 1. **Lehrer/in** *Me acuerdo perfectamente de mi profesora de inglés.*
2. **Dozent/in** *Trabajaba desde hace cuatro años como profesora de alemán en una academia de idiomas en Barcelona.*
3. **Professor/in** (s. oben)
auch: **Kindergärtnerin** (***la profesora de educación infantil***)

Profit ***el provecho*** (Nutzen) *Le sacó muy buen provecho a las telas que le regaló su tía, pudo confeccionar un vestido para cada una de sus hijas.*
la ganancia, el beneficio (Verdienst, Ge-

winn) *La compañía obtuvo un beneficio neto de dos millones de euros.*

el *profito Ø

Prominenz ***las ⚠ personalidades, la alta sociedad*** *En esa ocasión se reunió toda la alta sociedad.*

la prominencia **Erhebung, Hügel, Anhöhe** *Para poder construir la casa tuvimos que aplanar las prominencias del terreno.*

Promotion 1. ***el doctorado*** (Doktorwürde, -titel) *Al cabo de 10 años de estudios ha obtenido, por fin, su doctorado.*
2. ***la publicidad, la promoción*** (Produktwerbung, Verkaufsförderung) *Sin publicidad no se vende nada.*

la promoción PFF 1. **(Be-)Förderung, Aufstieg** *Enrique sigue esperando su promoción a jefe de departamento.*
2. **(abgehender) Jahrgang** (UNIV.) *El catedrático ha invitado a todos los estudiantes de mi promoción a su fiesta de despedida.*
3. **Promotion** (Produktwerbung; s. oben)

---

promovieren ***doctorarse*** *No creo que consiga doctorarme jamás.*

promover 1. **(be)fördern** *La subdirectora ha sido promovida a directora.*
2. **anfangen, auslösen, herbeiführen** *El Gobierno ha promovido la paz.*

Provision ***la comisión*** *En esta tienda venden mi ropa a comisión.*

la provisión 1. **Proviant** (Pl. im Span.), **Vorrat** *Nuestras provisiones van a agotarse muy pronto.*
2. **Rücklage, Deckung** *El eurocheque era un cheque con provisión garantizada.*

prozessieren	***procesar a alg.*** (gerichtlich gegen jdn. vorgehen, das Verfahren gegen jdn. eröffnen) *El juez ha decidido volver a procesar al autor del homicidio.*
procesar PFF	1. **prozessieren** (s. oben) 2. **verarbeiten** (TECHN., EDV) *Sigue siendo muy discutida la cuestión de hasta qué punto se deberían procesar los datos personales.*
pulsieren	***pulsar, palpitar*** (auch fig.), ***latir*** (schlagen) *Las calles de Río de Janeiro palpitan al ritmo del carnaval. Está vivo, su corazón late.*
pulsar PFF	1. **pulsieren** (s. oben) 2. **drücken** (Taste, Knopf) *En caso de urgencia se debe pulsar el botón rojo.* auch: **klingeln** (**~ *el timbre***)

Q

Qualifikation 1. ***la calificación*** *Hoy en día una persona con buenas calificaciones tiene más posibilidades de encontrar un empleo.*
2. ***la clasificación*** (SPORT) *Este partido no es amistoso sino de clasificación.*

la calificación PFF 1. **Qualifikation** (s. oben)
2. **Note, Zensur** *El alumno no está de acuerdo con esta calificación.*
3. **Einstufung, Beurteilung** *Sierra Nevada obtuvo la calificación de Parque Nacional en 1999.*

Querele(n) ***las discusiones, la controversia, la querella*** *Estoy segura de que esta decisión conducirá a discusiones interminables.*

la querella PFF 1. **Querele(n)** (s. oben)
2. **Klage, Strafantrag** (RECHT) *Los hijos de mi tío han presentado una querella para pedir la invalidación del testamento.*

---

quittieren 1. ***dar/acusar recibo de algo*** (den Empfang ~) *¿Me puede acusar recibo del paquete firmando aquí, por favor?*
2. ***presentar la dimisión*** (den Dienst ~) *Tras más de 20 años de cargo, el alcalde presentó ayer su dimisión.*

quitar 1. **entfernen, wegnehmen, ausziehen** *¡Qué lástima que no logró quitar esta mancha! ¡Quítate este jersey, es mío!*
2. **stehlen** *Le han quitado el collar.*

R

Rahm	***la nata, la crema*** (Sahne) *Mi abuela suele acompañar estas pastas con un poco de nata.*
la rama	**Ast, Zweig** *Mira el pajarito ahí en la rama.*
Rakete	1. ***el cohete*** (RAUMFAHRT, Feuerwerk) *A mi hija le dan miedo los cohetes porque hacen mucho ruido.* 2. ***el misil*** (MILIT.) *Algunos países siguen fabricando misiles atómicos.*
la raqueta	**(Tennis-)Schläger** *Estoy muy contenta con mi nueva raqueta, que es increíblemente ligera.* auch: **Tennis-, Badmintonspieler/in** (***el/la raqueta***)
rar	***raro, a, escaso, a*** (selten, knapp) *En estas zonas de África el agua potable es muy escasa.*
raro, a PFF	1. **rar** (s. oben) 2. **seltsam, merkwürdig, sonderbar** *Lo raro es que no había hablado de su decisión con nadie.*
(sich) rasieren	***afeitar(se)*** *Mi hermano se afeita cada mañana y ocupa el baño durante un buen rato.*
rasar	1. **abstreichen** (abnehmen, was über das Maß hinausgeht) *Un saco de trigo sin rasar puede pesar un kilo más que uno de rasado.* 2. **leicht berühren, streifen** *Por suerte la bala solamente me rasó.* 3. **sich aufhellen** (*~se*) (Himmel) *Por fin el cielo se rasa trás tantos días de lluvia.*
real	***real, verdadero, a, efectivo, a*** (wirklich, echt, tatsächlich) *Llegar a la vejez con problemas*

	económicos es una amenaza real de nuestra generación.
real PFF	1. **Königs..., königlich** *La Familia Real disfruta de sus vacaciones en Mallorca.* 2. **real** (s. oben)

realisieren	1. ***realizar*** (verwirklichen, erfüllen) *Si realizamos este proyecto tendremos que pedir un crédito.* 2. ***darse cuenta de algo, notar algo*** (etwas erkennen, begreifen) *Sólo ahora me doy cuenta de lo peligroso que era este viaje por la selva.*
realizar PFF	1. **realisieren** (s. oben) 2. **tätigen, abschließen** (Geschäft) *La empresa realizó un buen negocio y podrá invertir en nuevas máquinas.* 3. **durchführen, machen** *Mi madre realizó una buena acción al devolver el anillo que encontró en el parque.*

Referent/in	1. ***el/la ponente, el/la conferenciante*** (Vortragender) *Será una conferencia interesante con ponentes ilustres.* 2. ***el jefe / la jefa de negociado*** (Referatsleiter) *Premiaron a la jefa de negociado por su excelente trabajo.*
el/la *referente	Ø

Refrain	***el estribillo*** *Sólo me acuerdo del estribillo de la canción.*
el refrán	**Sprichwort** *El refrán alemán «Was du heute kannst besorgen, das verschiebe nicht auf morgen» se traduce al español con: «No dejes para mañana lo que puedas hacer hoy».* auch (fig.): **auf alles eine Antwort haben** (***tener refranes para todo***)

Regal	***la estantería*** (allg.), ***la librería*** (nur für Bücher) *Gracias por haberme prestado el libro, te lo he puesto en la librería.*
el regalo	1. **Geschenk** *Mi marido nunca quiere regalos por su cumpleaños.* 2. **wahre Freude, Genuss** *Esta mujer es un regalo para la vista.* 3. **Behaglichkeit, Komfort** *Este hombre vive con gran confort y regalo.*
regieren	***reinar, gobernar*** *Los Reyes Católicos, Isabel y Fernando, reinaron en el siglo XV y XVI.*
regir	1. **gelten, Gültigkeit haben** *Aquí rige la regla de que se ayuda a la gente mayor.* 2. **leiten, lenken, regeln** *El Gobierno rige el destino del país.*
Regress	***el recurso, la indemnización*** (Ersatz[anspruch], Entschädigung) *Las víctimas del accidente de tren siguen esperando que les paguen una indemnización.*
el regreso	**Rückkehr** *Después del regreso a su patria los soldados intentaron olvidar la guerra.*
regulär	***regular*** (regelmäßig, planmäßig, ordnungsgemäß) *El tren sale de forma regular.*
regular PFF	1. **gewöhnlich, normal, mittelmäßig, weder schlecht noch gut** *La calidad de este producto es regular, podrían mejorarla. Me lo he pasado regular.* 2. **regulär** (s. oben)
Reklame	***la publicidad, la propaganda*** (Werbung) *La publicidad de este coche es muy inteligente. Hoy empieza la propaganda electoral de las elecciones autonómicas de Cataluña.* selten auch: ***el*** ⚠ ***reclamo***

el reclamo	1. **Lockvogel, Lockruf** *Si te acercas a esta playa podrás escuchar el bonito reclamo de las gaviotas.* 2. **Reklame** (s. oben)
Rekord	***el*** ⚠ ***récord*** *Un nadador francés logró batir el récord del mundo de 100 metros libres.*
el recuerdo	1. **Erinnerung** *El recuerdo de las tardes de domingo con mi abuela me hace sentir alegre.* 2. **Andenken, Souvenir** *Nos compramos una pequeña Torre Eiffel en una tienda de recuerdos en París.* 3. **Grüße** (nur Plural) *Dale muchos recuerdos de nuestra parte.*
relevant	***relevante*** (wichtig, bedeutsam) *Lo que dicen tus padres no es relevante para nada.*
relevante PFF	1. **hervorragend, ausgezeichnet** *El nuevo ingeniero es una persona con relevantes capacidades.* 2. **relevant** (s. oben)
Rente	1. ***la pensión*** (Ruhegeld), ***la renta*** (regelmäßige Geldzahlung) *La pensión de mi abuela es tan baja, que no puede permitirse viajar más de una vez al año.* auch: ***la pensión de viudedad*** (Witwen-) 2. ***la jubilación*** (Ruhestand) *La edad de la jubilación sigue siendo un tema de controversia.*
la renta PFF	1. **Einkommen** *La renta mensual de mi marido es suficiente para vivir sin que yo tenga que trabajar.* auch: **Pro-Kopf-Einkommen** (~ ***per cápita***) 2. **Miete** *La renta de esta casa es sorprendentemente baja.* 3. **Rente** (regelmäßige Geldzahlung; s. oben)

reparieren	***reparar*** *Mi abuelo sabe reparar todo tipo de máquinas.*
reparar PFF	1. **reparieren** (s. oben) 2. **ersetzen, wiedergutmachen** *Dígame cómo puedo reparar el daño.* auch: **wieder zu Kräften kommen** (***reparar fuerzas***) 3. **wahrnehmen, bemerken** (**~ *en***) *¿Has reparado en que no me ha dirigido la palabra?*
respektieren	***respetar*** *Deberías respetar el silencio de tu amigo. Él no quiere hablar de lo ocurrido.*
respectar	**betreffen, angehen** *Por lo que respecta a mí, podéis repartiros la herencia, yo no quiero nada.*
rigoros	***riguroso, a*** (streng, unerbittlich) *Mi colega fue aún más rigurosa que mi jefe.*
riguroso, a PFF	1. **rigoros** (s. oben) 2. **präzise, genau** *Gracias a su explicación rigurosa he comprendido por fin el problema.*
riskant	***arriesgado, a, aventurado, a*** *Es un plan muy arriesgado.*
****riscante***	Ø
Robe	***el vestido de gala*** (festliches Kleid), ***la toga*** (Talar), ***el hábito*** (Ordenskleid) *Los jueces suelen vestirse con una toga.*
el robo	**Diebstahl** *Desde el robo ya no me siento seguro ni en mi propia casa.*
romanisch	***románico, a*** (Kunst, Sprache), ***romance*** (nur SPRACHW.) *Mi hija quiere estudiar lenguas romances.*
romano, a	**römisch** *En el museo exponen numerosos objetos de la época del Imperio Romano.*

Rosine	***la (uva) pasa*** *Las pasas dan un toque de color a la tarta de manzana.*
la *rosina	Ø

S

Sakko	***la chaqueta, la americana*** *¡Qué calor, me quito la chaqueta!* auch (Am.): ***el saco***
el saco	**Sack** *Todas estas piedras no caben en el saco.*
Salat	1. ***la ensalada*** (als zubereitete Speise) *Dos ensaladas mixtas y medio litro de vino tinto, por favor.* 2. ***la lechuga*** (Blatt-) *Este año he plantado lechugas por primera vez. A ver si crecen bien grandes.*
la ensalada PFF	**Salat** (als zubereitete Speise; s. oben)
Schock	***el choque*** *Paco todavía no se ha repuesto del choque.*
el choque PFF	1. **(Zusammen-)Stoß, Aufprall, Erschütterung** *El choque del coche fue tan fuerte que el conductor quedó gravemente herido.* 2. **Schock** (s. oben)
Sekret	***la secreción*** (abgesonderte Körperflüssigkeit) *La secreción ha sido analizada por el laboratorio más importante de la ciudad.*
el secreto	**Geheimnis** *Mi hijo es incapaz de guardar el más mínimo secreto.*
Sensation	***la sensación*** *La victoria de la selección española de fútbol en el campeonato mundial ha sido una sensación.*
la sensación PFF	1. **Gefühl, Sinneseindruck, Empfindung** *No puedo explicártelo, sólo es una sensación mía. Tengo la sensación de que hoy va a ser un buen día.*

2. **Sensation** (s. oben)
auch: **Aufsehen erregen** (***causar sensación***)

---

sensibel — ***sensible*** *Ten cuidado con lo que dices, esta mujer es muy sensible.*

sensible PFF — 1. **sensibel** (s. oben)
2. **spürbar, wahrnehmbar** *El aumento de las temperaturas es apenas sensible.*

---

sortieren — ***clasificar, ordenar*** *En primer lugar clasifican los huevos según el tamaño.*

sortear — 1. **(ver)losen, auslosen** *Como no caben todos, van a sortear quiénes van en coche y quiénes en autobús.*
2. **einer Sache ausweichen, etwas umgehen** *Es un cobarde, siempre sortea los conflictos.*

---

sozial — ***social*** (gesellschaftlich, dem Gemeinwohl dienend) *La política social del país deja mucho que desear.*

social PFF — 1. **sozial** (s. oben)
2. **umgänglich, gesellig** *Su novio es un tipo poco social.*

Spektrum — ***el espectro*** (PHYS., fig.) *Es un músico talentoso de amplio espectro.*

el espectro PFF — 1. **Geist, Gespenst** (auch fig.) *Corren rumores de que vive un espectro en el castillo.*
2. **Spektrum** (s. oben)

Sphäre — ***la esfera*** (auch fig.) *Yo pienso que este artículo es un ataque intolerable a la esfera privada de la familia real.*

la esfera PFF — 1. **Kugel** *La nueva lámpara tiene forma de esfera.*
2. **Zifferblatt** *Como mi abuela ve mal quiere un reloj con una esfera grande.*
3. **Sphäre** (s. oben)

Station 1. ***la estación*** (allg., Bahnhof), ***la parada*** (Halt, Haltestelle, Anhalten) *Han cerrado la pequeña estación del pueblo por motivos económicos. Estoy muy contenta, han puesto una parada de autobús al lado de mi casa.*
2. ***la unidad*** (im Krankenhaus) *El niño sigue en la unidad de cuidados intensivos.*

la estación PFF 1. **(Jahres-)Zeit, Saison** *Es mejor no viajar a Asia durante la estación de las lluvias.*
2. **Station** (Bahnhof; s. oben)

---

studieren ***estudiar*** *Mi hijo estudia derecho en la Universidad de Salamanca.*

estudiar PFF 1. **lernen** (allg.) *No es difícil para Luisa estudiar lenguas extranjeras.*
2. **studieren** (s. oben)
3. **untersuchen, prüfen** *Si quieres saber si a tu marido le gusta el pastel, estudia atentamente su cara.*
4. **überdenken** *Le he rogado que vuelva a estudiar esta decisión.*

Studio ***el estudio*** (Produktionsstätte, Atelier) *Creo que este pintor se pasa la vida trabajando en su estudio.*

Studium ***los estudios*** (meistens Pl.), ***la carrera*** (Hochschulstudium) *Tengo que trabajar para financiar mis estudios.*

el estudio PFF 1. **Lernen** *El profesor dice que debería concentrarme en el estudio en vez de jugar al fútbol.*
2. **Studio** (s. oben)
3. **Untersuchung, Studie** *El estudio ha revelado que cada vez más estudiantes dejan la universidad sin haber obtenido ningún título.*
4. **Studium** (s. oben)

Stufe 1. ***el escalón*** *Desgraciadamente no vio el escalón y se cayó.*
2. ***el nivel, la categoría, la etapa*** (fig.) *Javier todavía no está al mismo nivel de sus compañeros de clase.*

la estufa **Ofen** (zum Heizen) *Me temo que la estufa se ha apagado.*

---

stupid(e) 1. ***estúpido, a*** (dumm, geistlos) *¡Nunca he oído nada tan estúpido!*
2. ***aburrido, a, monótono, a*** (langweilig, monoton) *Su trabajo es tan aburrido que está pensando en cambiar de empresa.*

estúpido, a PFF **stupid** (dumm; s. oben)

T

tabellarisch	***en forma de tabla/cuadro*** *Diseñó un método muy eficaz para ordenar datos en forma de cuadro.*
***tabelárico,a**	Ø
Tablett	***la bandeja*** *La camarera lleva una bandeja con bebidas alcohólicas.*
Tablette	***la pastilla, el comprimido, la tableta*** *Me tomo un comprimido contra el dolor de cabeza.*
la tableta PFF	1. **Tafel** (Schokolade usw.) *No encuentro la tableta de turrón que compré ayer.* 2. **Tablette** (s. oben)
Taille	***la cintura, el ⚠ talle*** *Te envidio por tu talle tan delgado.*
el talle PFF	1. **Figur, Körperform** *Se nota por tu talle que haces mucho deporte.* 2. **Taille** (s. oben) 3. **Schnitt, Taille** (als Teil des Kleidungsstückes) *Me he comprado unos pantalones de talle alto.*
la talla	1. **Schnitzerei** *Esta iglesia es famosa por sus maravillosas tallas.* 2. **Schliff** (bei Diamanten) *Este diamante tiene una talla excepcional.* 3. **Messlatte, Maßband** *Lo podemos medir fácilmente con una talla.* 4. **Körpergröße, Statur** *Yo soy de talla pequeña, como mi padre.* 5. **Konfektionsgröße** *Me puede traer la misma camisa pero una talla más grande, por favor.*

Takt 1. ***el compás*** (MUSIK) *Normalmente los directores de orquesta marcan el compás con una batuta.*
2. ***el tacto*** (Taktgefühl) *Deberías proceder con tacto, es un asunto muy delicado.*

el tacto PFF 1. **Berühren, Berührung** *El jersey es muy suave al tacto.*
auch: **Tastsinn** (***el sentido del tacto***) *Las personas ciegas tienen el sentido del tacto más desarrollado.*
2. **Takt(gefühl)** (s. oben)

---

talentiert ***talentoso, a, de talento*** *La protagonista de esta película no me parece nada talentosa.*

****talentado, a*** Ø

Tapete ***el papel pintado*** *Vamos a comprar papel pintado de colores alegres para decorar el cuarto de los niños.*

el tapete 1. **Tischdecke** *Este tapete es demasiado grande, llega hasta el suelo.*
2. **kleiner Teppich** *Me gustaría poner un tapete bonito delante del sofá.*

Tastatur ***el teclado*** *El teclado de tu ordenador está muy sucio.*

la *tastatura Ø

Telefonat ***la llamada (telefónica)*** *El director se enteró de que su secretaria había escuchado la llamada en secreto.*

la *telefonada Ø

Tempel ***el templo*** *Los arqueólogos han descubierto las ruinas de un templo romano.*

el templo PFF 1. **Kirche** (Gebäude) *La catedral de Colo-*

nia cuenta entre los templos más visitados del mundo.
2. **Tempel** (s. oben)

Tempo 1. ***la velocidad*** (Geschwindigkeit) *Carlos es un fanático de la velocidad. Siempre va muy rápido con el coche.*
2. ***el tiempo, el compás*** (MUSIK) *Es una música meditativa de tiempo lento.*

el tiempo PFF 1. **Zeit** *Actualmente es raro disponer de mucho tiempo libre.*
2. **Wetter** *Hoy hace buen tiempo.*
3. **Tempo** (MUSIK; s. oben)
auch: **1./2. Halbzeit** (***el primer/segundo ~***) (SPORT)

Termin 1. ***la fecha*** (allg.), ***la cita*** (Arzt-) *¿Ya sabes la nueva fecha para el examen?*
2. ***el plazo, el ⚠ término*** (Frist) *No será fácil entregar el trabajo dentro del plazo señalado.*

el término PFF 1. **Schluss, Ende** (Raum und Zeit) *Este arroyo marca el término del terreno.*
2. **Termin** (Frist; s. oben)
3. **(Fach-)Ausdruck, Terminus** *El artículo está lleno de términos que no conozco.*

---

terminieren ***fijar la fecha de algo para*** (etwas auf … terminieren, einen Termin für etwas festlegen) *Hemos fijado la fecha de la boda para el 8 de agosto.*

terminar 1. **beenden, abschließen** *Espero terminar el libro en noviembre.*
2. **enden, zu Ende gehen** *El invierno (se) termina la semana que viene.*

Theke	1. ***la barra*** (Schanktisch) *Su ex colega se pasa los días en la barra de la cervecería que está en la misma calle donde vive.* 2. ***el mostrador*** (Ladentisch) *El cliente dejó el cambio en el mostrador y salió de la tienda.*
la teca	**Teak(holz)** *Mi madre me ha regalado un armario de madera de teca precioso.*

These	***la tesis*** *En 1517 Martín Lutero clavó sus 95 tesis en la puerta de la iglesia de Wittenberg.*
la tesis PFF	1. **These** (s. oben) 2. **Doktorarbeit** (~ ***[doctoral]***) *Mi hermano está frustrado porque no encuentra ningún tema interesante sobre el que escribir una tesis.*

Tinte	***la tinta*** *Fueron los chinos quienes inventaron la tinta china.*
el tinte	**Farbe, Färbemittel** *Me he comprado tinte azul para teñir mi camisa.*

Torte	***la tarta, la torta*** *Lo que más me gusta es la tarta de frutas con mucha crema.*
la torta PFF	1. **Torte** (s. oben) 2. **Ohrfeige, Schlag** (ugs.) *Me dio una torta tan fuerte que me caí al suelo.* auch (ugs.): **Ich verstehe überhaupt nichts.** (***¡No entiendo ni torta!***)

Tourismus	***el turismo*** *Toda la región vive únicamente del turismo.*
el turismo PFF	1. **Tourismus** (s. oben) 2. **Personenwagen, PKW** *Por este puente sólo pueden pasar los turismos.*

Trance	***el*** ⚠ ***trance*** *Estar en trance significa experimentar efectos paranormales.*

el trance PFF	1. **(kritischer) Augenblick** *Está viviendo el trance más duro de su carrera.* 2. **Trance** (s. oben)
Tresor	***la caja fuerte*** *Afortunadamente los ladrones no lograron abrir la caja fuerte del banco.*
el tesoro	**Schatz** (auch fig.) *Mi hijo sueña en descubrir algún día un verdadero tesoro de piratas.*
Tropen	***los trópicos*** *Si viajas a los trópicos es importante que te vacunes contra la malaria.*
las tropas	**Truppen** (MILIT.) *Las tropas de combate de Estados Unidos se han retirado del país.*
Typ	1. ***el tipo*** *Éste es el tipo de moto que está de moda entre los jóvenes.* 2. ***el tío*** (Kerl) (ugs.) *¡Vaya tío, lo que se atreve a hacer!*
el tipo PFF	1. **Typ** (s. oben) 2. **Körperbau, Figur** *Mi madre con sesenta años sigue teniendo un tipo estupendo.*

U

Unikat	***el ejemplar único*** *Este coche es un ejemplar único, fue un encargo especial del Rey de Arabia Saudí.*
el *unicado	Ø
Unikum	***un tipo raro*** *El viejo es un tipo raro, habla todo el día con su gato y no abandona nunca su casa.*
único, a	**einzig(artig), einmalig** *Esta arquitectura es única en el mundo entero.*

V

vage	***vago, a, impreciso, a*** (ungenau) *Isabel sólo tiene una vaga idea de su padre.*
vago, a PFF	1. **vage** (s. oben) 2. **faul, träge** *Hoy estoy muy vago, no tengo ganas de nada.*
Varieté	***el teatro de variedades, las variedades*** (Pl. im Span.) (Aufführung) *El Moulin Rouge en París es un teatro de variedades muy famoso.*
la variedad	1. **Vielfalt, Verschiedenartigkeit** *La ciudad ofrece una gran variedad de posibilidades para pasar el tiempo libre.* 2. **Sorte, Art** (BIOL.) *Es una variedad de pez que se encuentra únicamente en el océano Pacífico.*
Vase	***el florero, el jarrón*** *Me puedes poner las flores en el jarrón de pared, por favor.*
el vaso	1. **(Trink-)Glas, Becher** *Este vaso es demasiado grande para beber vino.* 2. **Gefäß** (ANAT.) *Los vasos sanguíneos se encargan de recoger y distribuir la sangre por todo el cuerpo.*
Ventil	***la válvula*** *No sé cómo cambiar la válvula de la rueda de mi bicicleta.*
el *ventil	Ø
Version	***la versión*** (Fassung, Darstellung, Auslegung) *Estoy curiosa por saber tu versión de lo sucedido.*
la versión PFF	1. **Übersetzung** *Me voy a comprar la versión española del último libro de Harry Potter.* 2. **Version** (s. oben)

Villa	***la villa, la mansión, el chalé*** *Viven en una villa impresionante cerca de los Pirineos.*
la villa PFF	1. **(Klein-)Stadt** (selten) *Tarifa es una villa situada en la Costa de la Luz.* 2. **Villa** (s. oben) selten auch: **Rathaus** (***[la Casa de] la Villa***)
Vision	***la visión*** (Erscheinung; Vorstellung), ***la idea*** (Vorstellung, Leitbild) *Un año después de haber tenido una visión del Santo Padre entró en el convento.*
la visión PFF	1. **Sehen, Sicht, Sehvermögen** *Perdió la visión en un accidente de tráfico.* 2. **Vision** (s. oben)
Visite	***la visita*** *En la visita de esta mañana el doctor me ha confirmado que mañana podré irme a casa.*
la visita PFF	1. **Besuch, Besichtigung** *Gracias por tu visita, ha sido muy divertido.* 2. **Visite** (s. oben) auch: **Besucher/in** (***el/la visita***)
Visum	***el visado, la ⚠ visa*** (Am.) *Hoy en día ya no se necesita un visado para ir a Estados Unidos.*
el viso	1. **Schimmer, Glanz** *Si miras bien la piedra podrás ver unos visos azulados.* 2. **Anschein, Anflug** (fig.) *No manifestó el más mínimo viso de alegría.*
Volontär/in	***el/la practicante*** *La practicante está corrigiendo las pruebas de los artículos.*
el voluntario	**Freiwillige/r** *Lucio se va a presentar como voluntario.*

Z

zelebrieren	***celebrar*** (REL.) *El Papa celebró el domingo una misa al aire libre.*
celebrar PFF	1. **feiern** (allg.) *Este año no quiero celebrar mi cumpleaños, prefiero irme de viaje.* 2. **veranstalten, begehen, abhalten** *Las elecciones parlamentarias se celebrarán el 17 de septiembre.* 3. **loben, mit Beifall aufnehmen** *Celebro tu valiente decisión.* 4. **zelebrieren** (REL.; s. oben)

zensieren	1. ***calificar, evaluar*** (benoten) *No le resulta fácil calificar el rendimiento de los alumnos.* 2. ***someter a censura, censurar*** (einer Zensur unterwerfen) *Durante la dictadura de Franco se censuraron muchos libros y muchas películas.*
censar	**zählen, erfassen, eine Volkszählung durchführen** *Es obligatorio censar a los inmigrantes sin papeles.*

Zensur	1. ***la nota, la evaluación, la calificación*** (Schule) *¿Cómo es posible que siempre saques las mejores notas?* 2. ***la censura*** (Kontrolle) *Me temo que este artículo no pasará la censura.*
la censura PFF	1. **Zensur** (Kontrolle; s. oben) 2. **Kritik, (öffentlicher) Tadel** (allg.) *Las palabras de este político fueron motivo de censura por parte de la opinión pública.*

Ziffer	***la cifra, el número*** *Dime una cifra entre el 1 y el 10.*

la cifra PFF — 1. **Ziffer** (s. oben)
2. **Anzahl, Menge** *La elevada cifra de visitantes a la nueva sala de exposiciones nos sorprendió a todos.*

Zigarillo — ***el purito*** *Suele fumar cigarrillos, pero también le gusta un buen purito para acompañar el café.*

el cigarrillo — **Zigarette** *Fuma casi dos paquetes de cigarrillos al día.*

Zigarre — ***el puro, el ⚠ cigarro, el habano*** *No soporto el olor del puro.*

la cigarra — **Zikade** *Las cigarras cantan tan fuerte que uno no puede oír su propia voz.*

Zirkel — 1. ***el compás*** (Gerät) *El profesor hace un círculo con su compás.*
2. ***el círculo*** (Personenkreis) *Sus conocimientos sólidos son apreciados en los círculos políticos.*

el círculo PFF — 1. **Kreis** *Los edificios están colocados en forma de círculo.*
auch: **Teufelskreis** (***el ~ vicioso***)
2. **Zirkel** (Personenkreis; s. oben)

Anhang 1: Deutsche und spanische Wörter mit unterschiedlicher Betonung

Diese Liste von Wörtern, deren Betonung sich im Deutschen und Spanischen unterscheidet, dient unabhängig von möglichen Bedeutungsunterschieden der Fehlervermeidung im Bereich der Aussprache.

die Akadem**ie**	la acad**e**mia
der Akrob**a**t	el acr**ó**bata
die Allerg**ie**	la al**e**rgia
die Anal**y**se	el an**á**lisis
die **A**nanas	el anan**á**s (Am.)
Andal**u**sien	Andaluc**í**a
die Anekd**o**te	la an**é**cdota
anon**y**m	an**ó**nimo, a
das Ap**a**rtment	el apartam**e**nto
der Archäol**o**ge	el arque**ó**logo
die Atmosph**ä**re	la atm**ó**sfera
das Automob**i**l	el autom**ó**vil
auton**o**m	aut**ó**nomo, a
die Autops**ie**	la aut**o**psia
der **Au**tor	el aut**o**r
das B**a**by	el beb**é**
der Barb**a**r	el b**á**rbaro
die Blasphem**ie**	la blasf**e**mia
die Bürokrat**ie**	la burocr**a**cia
deb**i**l	d**é**bil
die Dek**a**de	la d**é**cada
die Demokrat**ie**	la democr**a**cia
der Desp**o**t	el d**é**spota
der Diak**o**n	el di**á**cono
der Dial**o**g	el di**á**logo
die Diplomat**ie**	la diplom**a**cia
der Dir**e**ktor	el direct**o**r
der D**o**ktor	el doct**o**r

das D**o**mino	el domin**ó**
die Ekst**a**se	el **é**xtasis
die El**i**te	el **é**lite (f.)
die Enzyklopäd**ie**	la enciclop**e**dia
die Epidem**ie**	la epid**e**mia
die Ep**o**che	la **é**poca
die Euphor**ie**	la euf**o**ria
die Fabr**i**k	la f**á**brica
der Fotogr**a**f	el fot**ó**grafo
friv**o**l	fr**í**volo, a
das Gen**ie**	el g**e**nio
der Gynäkol**o**ge	el ginec**ó**logo
das H**e**ktar	la hect**á**rea
der Homöop**a**th	el home**ó**pata
das Homon**y**m	el hom**ó**nimo
das Id**o**l	el **í**dolo
illegitim	ileg**í**timo, a
der Insp**e**ktor	el inspect**o**r
der Interpr**e**t	el int**é**rprete
int**i**m	**í**ntimo, a
Irland	Irl**a**nda
Israel	Isra**e**l
J**a**pan	Jap**ó**n
J**e**sus	Jes**ú**s
das K**ä**nguru	el cang**u**ro
K**a**nada	(el) Canad**á**
das K**a**nu	la can**o**a
das Kalk**ü**l	el c**á**lculo
der K**a**rneval	el carnav**a**l
die Katastr**o**phe	la cat**á**strofe
der Kathol**i**k	el cat**ó**lico
der Kilom**e**ter/K**i**lometer	el kil**ó**metro
der K**o**gnak	el coñ**a**c
die K**o**lik	el c**ó**lico
die Kolon**ie**	la col**o**nia
die Komm**o**de	la c**ó**moda

der K**o**mpass	el comp**á**s
die Kop**ie**	la c**o**pia
die K**o**rdel	el cord**e**l
der Kred**i**t	el cr**é**dito
die Krit**i**k	la cr**í**tica
legit**i**m	leg**í**timo, a
die Mag**ie**	la m**a**gia
M**a**ma	mam**á**
marit**i**m	mar**í**timo, a
die Mathemat**i**k	las matem**á**ticas
die Meth**o**de	el m**é**todo
das Mikrof**o**n	el micr**ó**fono
der Millim**e**ter/M**i**llimeter	el mil**í**metro
mob**i**l	m**ó**vil
das Mod**u**l	el m**ó**dulo
das Molek**ü**l	la mol**é**cula
der M**o**nitor	el monit**o**r
der Monol**o**g	el mon**ó**logo
monot**o**n	mon**ó**tono, a
die Mus**i**k	la m**ú**sica
der Nom**a**de	el n**ó**mada
die Nostalg**ie**	la nost**a**lgia
das Org**a**n	el **ó**rgano
die **O**rgie	la org**í**a
die Orthopäd**ie**	la ortop**e**dia
das Ov**a**l	el **ó**valo
der **O**zean	el oc**é**ano
P**a**nama	Panam**á**
der P**a**nther	la pant**e**ra
P**a**pa	pap**á**
die Parod**ie**	la par**o**dia
der P**e**likan	el pel**í**cano
die Peripher**ie**	la perif**e**ria
das Phänom**e**n	el fen**ó**meno
die Pharmaz**ie**	la farm**a**cia
der Philos**o**ph	el fil**ó**sofo

die Phob**ie**	la f**o**bia
die Phys**i**k	la f**í**sica
die Plat**a**ne	el pl**á**tano
der Pl**u**ral	el plur**a**l
die Polit**i**k	la pol**í**tica
P**o**rtugal	Portug**a**l
der Prof**e**ssor	el profes**o**r
der Psychol**o**ge	el psic**ó**logo
die Pyram**i**de	la pir**á**mide
das Reg**i**me	el r**é**gimen
der Rek**o**rd	el r**é**cord
die Republ**i**k	la rep**ú**blica
der Satell**i**t	el sat**é**lite
die Sat**i**re	la s**á**tira
der Skand**a**l	el esc**á**ndalo
das S**o**fa	el sof**á**
sol**i**de	s**ó**lido, a
stup**i**d(e)	est**ú**pido, a
das Symb**o**l	el s**í**mbolo
das Telef**o**n/T**e**lefon	el tel**é**fono
der Term**i**n	el t**é**rmino
die Therap**ie**	la ter**a**pia
das Thermom**e**ter	el term**ó**metro
der Zentim**e**ter/Z**e**ntimeter	el cent**í**metro
die Zeremon**ie**	la cerem**o**nia

Anhang 2: Deutsche und spanische Wörter mit unterschiedlichem Artikelgebrauch

Die Liste von Wörtern, die sich im Deutschen und Spanischen durch das Genus – Maskulinum, Femininum oder Neutrum – unterscheiden und die sehr häufig falsch gebraucht werden, dient unabhängig von möglichen Bedeutungsunterschieden der Fehlervermeidung im grammatischen Bereich.

der Alarm	la alarma
das Amerika	la América
der Amethyst	la amatista
die Analyse	el análisis
die Ananas	el ananás (Am.)
die Annonce	el anuncio
das Aquarell	la acuarela
das Aspirin	la aspirina
die Attacke	el ataque
die Bank (Geldinstitut)	el banco
die Bank (Sitzbank)	el banco
die Bar	el bar
der Barren	la barra
die Bronze	el bronce
die Brosche	el broche
das Cape	la capa
die Cholera	el cólera
die Courage	el coraje
das Debakel	la debacle
die Debatte	el debate
das Diapositiv	la diapositiva
der Disput	la disputa
die Dividende	el dividendo
der Dynamo	la dínamo / la dinamo
die E-Mail	el e-mail
die Ekstase	el éxtasis

die Episode	el episodio
das Etikett	la etiqueta
das Europa	la Europa
die Exekutive	el ejecutivo
das Fest	la fiesta
das Fieber	la fiebre
das Finale	la final
das Foto	la foto
die Garage	el garaje
die Geste	el gesto
die Gruppe	el grupo
die Hardware	el hardware
das Hektar	la hectárea
die Hemisphäre	el hemisferio
die Hitparade	el hit-parade
das Hormon	la hormona
die Hymne	el himno
die Kanone	el cañón
die Kante	el canto
das Kanu	la canoa
das Katapult	la catapulta
die Kolik	el cólico
das Komma	la coma
die Komponente	el componente
der Konsonant	la consonante
die Kontrolle	el control
die Kordel	el cordel
der Lack	la laca
das Lama	la llama
das Marihuana	la marihuana/mariguana
der Marsch	la marcha
die Massage	el masaje
die Melone	el melón
die Methode	el método
die Metro	el metro
die Milliarde	el millardo

die Million	el millón
die Minute	el minuto
das Molekül	la molécula
die Montage	el montaje
die Nummer	el número
die Oase	el oasis
die Oboe	el oboe
das Orchester	la orquesta
der Orden (Ordensgemeinschaft)	la orden
die Panik	el pánico
der Panther	la pantera
die Passage	el pasaje
das Patent	la patente
die Periode	el período/periodo
die Pinie	el pino
der Piranha	la piraña
die Platane	el plátano
der Platz	la plaza
das Porzellan	la porcelana
die Präambel	el preámbulo
die Prognose	el pronóstico
der Protest	la protesta
das Radio	la radio
die Rallye	el rally(e)
der Reim	la rima
die Reklame	el reclamo (selten)
die Reportage	el reportaje
die Rolle (als Form)	el rollo
die Romanze	el romance
der Ruin	la ruina
der Saal	la sala
die Sabotage	el sabotaje
die Schokolade	el chocolate
die Sekunde	el segundo
die Show	el show
das Signal	la señal

die Software	el software
die Studie	el estudio
die Taille	el talle
der Tarif	la tarifa
die Tomate	el tomate
die Trance	el trance
die Trophäe	el trofeo
die Tube	el tubo
die Uniform	el uniforme
das Urin	la orina
die Violine	el violín
das Visum	la visa (Am.)
das Vitamin	la vitamina
die Vokabel	el vocablo
der Vokal	la vocal
die Yacht	el yate
das Zebra	la cebra
die Zigarre	el cigarro
die Zypresse	el ciprés

Register der spanischen Stichwörter